Racheté par
moi
Marie Romain Rolland

Ici était sans doute collée la dédicace de RR qui a été enlevée avant la vente !

ROMAIN ROLLAND

Danton

ÉDITIONS DE LA
REVUE D'ART DRAMATIQUE
LIBRAIRIE OLLENDORFF
50, Chaussée d'Antin, Paris.

Danton

DRAME EN TROIS ACTES

PERSONNAGES

DANTON, 35 ans. — Gargantua shakspearien, jovial et grandiose. Mufle de dogue, voix de taureau. Le front fuyant et découvert, l'œil audacieux, le nez court et large, la lèvre supérieure déformée par une cicatrice, la mâchoire lourde et violente. Athlétique, sanguin.

ROBESPIERRE, 36 ans. — Taille moyenne, complexion délicate. Yeux vert-sombre, grands et fixes. Grosses besicles relevées sur le front. Teint pâle. Lèvres pincées à l'expression dédaigneuse. « Rien d'aussi impassible dans le visage des morts. »

CAMILLE DESMOULINS, 34 ans. — Yeux bruns, longs cheveux noirs. Visage pâle. Expression mobile, fantasque, séduisante et inquiétante, passant par toutes les émotions, de la grâce à la grimace. Très féminin, riant et pleurant tour à tour, et parfois tout ensemble. Inutile de chercher à reproduire son bégaiement. Mais sa parole, ses mouvements, sa physionomie, ont toujours quelque chose d'incertain et de contradictoire.

SAINT-JUST, 27 ans. — Longs cheveux poudrés, yeux bleus. L'aspect d'un jeune Anglais énergique, calme, de volonté froide et inébranlable. Au fond, le bouillonnement d'une foi fanatique.

HÉRAULT DE SÉCHELLES, 34 ans. — Bel homme, et élégant. Le dernier représentant à la Convention des manières et de l'esprit de l'ancien régime. Mélange d'ironie et d'affectueuse indulgence. Très paisible, très maître de soi.

BILLAUD-VARENNE, 38 ans. — Haute taille, figure large et pâle. Perruque de cheveux rouges. Larges épaules. Sombre, absorbé par des idées fixes ; écrasé de fatigue, l'air souvent égaré, avec des sursauts d'exaspération folle.

VADIER, 58 ans. — « Voltaire gascon. » Vieillard grand et osseux : le nez crochu, le menton pointu, les sourcils épais, la bouche fine, large et pincée, la figure jaune. « Courbé en deux, en relevant sa tête blanche pour ricaner tout bas, avec un bruit sec et strident, qui vibrait sans retentir. »

PHILIPPEAUX, 36 ans.

FABRE D'ÉGLANTINE, 39 ans.

LE GÉNÉRAL WESTERMANN, 43 ans.

FOUQUIER-TINVILLE, accusateur public.

HERMAN, président du tribunal révolutionnaire.

LE GÉNÉRAL HENRIOT.

LUCILE DESMOULINS.

ÉLÉONORE DUPLAY.

MADAME DUPLAY.

Peuple de Paris.

A Paris, Mars-avril 1794.

ACTE PREMIER

CHEZ CAMILLE DESMOULINS

Salon bourgeois d'un goût fantaisiste. Une fenêtre est ouverte. Ciel gris et triste. Il pleut. Camille et Lucile, son petit enfant dans les bras, regardent au dehors. Philippeaux se promène de long en large, et jette en passant un coup d'œil par la fenêtre. Hérault de Séchelles, assis dans un fauteuil, le dos tourné à la fenêtre, observe ses amis. Bruit de foule joyeuse au dehors (1).

SCÈNE PREMIÈRE

LUCILE, CAMILLE, HÉRAULT, PHILIPPEAUX

LUCILE, *se penchant à la fenêtre.*

Les voilà, les voilà ! Ils passent au bout de la rue !

1. On a tâché de fondre, dans le style et la pensée de ce drame, les paroles et les écrits authentiques des hommes qu'on met en scène. Il y a dans la vérité de l'Histoire un fonds de vie héroïque, où il a semblé non seulement légitime, mais nécessaire, de puiser large-

CAMILLE, *criant.*

Bon voyage, père Duchesne ! n'oublie pas tes fourneaux !

HÉRAULT, *doucement.*

Camille, ne te montre pas, mon ami.

CAMILLE

Viens voir nos vieux amis, Hérault ! Le général des clubs, Ronsin, et Vincent, qui voulait s'offrir ta tête, Philippeaux; et Hébert, le matamore, qui soupait tous les soirs de la mienne; et le Prussien Clootz, le bel Anacharsis !... Le dernier voyage du jeune Anacharsis !... Voilà le genre humain bien embarrassé: on le prive de son orateur ! La guillotine a du travail aujourd'hui. Quelles vendanges !

LUCILE, *à son enfant.*

Regarde, Horace, regarde ces coquins. Et le commandant Henriot, qui galope avec son grand sabre, vois-tu, mignon ?

PHILIPPEAUX

Il fait excès de zèle. Il devrait être sur la charrette, lui aussi.

CAMILLE

On dirait une fête : le peuple est en liesse.

(*Au dehors, une clarinette joue un air grotesque. Le peuple rit à grand fracas.*)

CAMILLE

Qu'est-ce que cela ?

LUCILE

C'est ce petit homme bossu, près de la charrette, qui joue de la clarinette !

ment. On s'est particulièrement inspiré des pamphlets et des lettres de Desmoulins, des discours de Robespierre et de Saint-Just, et des propos de Danton.

CAMILLE

Ah ! la plaisante idée !

(Ils éclatent de rire.)

CAMILLE

Pourquoi ne viens-tu pas, Hérault ? Cela ne t'intéresse donc pas ? Tu as l'air mélancolique. A quoi songes-tu ?

(Le bruit s'éloigne peu à peu dans la rue.)

HÉRAULT

Je pensais, Camille, qu'Anacharsis a trente-huit ans, et Hébert, trente-cinq ans, ton âge, Philippeaux ; et Vincent, vingt-sept ans, six ans de moins que moi, et que toi, Desmoulins.

CAMILLE

C'est vrai. *(Brusquement sérieux, il s'éloigne de la fenêtre et vient au milieu de la chambre : il reste un instant immobile, le menton dans la main.)*

LUCILE, *à la fenêtre.*

La pluie ! Ah ! quel dommage !

CAMILLE, *mécontent.*

Ne reste pas à la fenêtre, Lucile, il fait froid. Rentre.

LUCILE, *ferme la fenêtre, et revient dans la chambre avec son enfant, elle chantonne.*

Il pleut, il pleut, bergère.
Rentre tes blancs moutons ;
Vite à la bergerie.
Allons, bergère, allons.

CAMILLE

Lucile, Lucile, méchante femme, comment peux-tu chanter cette chanson ? Je ne puis l'entendre sans penser que celui qui la fit, languit à cette heure dans une prison.

LUCILE

Fabre ? C'est vrai ! Notre pauvre Églantine, ils l'ont enfermé au Luxembourg, malade comme il était. — Bah ! Il en sortira.

HÉRAULT

« Pur troppo. »

LUCILE

Que dit encore celui-là ? Une vilaine chose, je suis sûre ?

PHILIPPEAUX

Une triste chose, trop vraie.

LUCILE

Taisez-vous, oiseaux de malheur ! Fabre sortira, je vous dis. Est-ce que nous ne sommes pas là ?

HÉRAULT

Danton lui-même n'a rien pu pour le sauver.

LUCILE

Oh ! oui ! Danton peut-être. Mais quand Camille prendra sa plume, et qu'il écrira une fois tout ce qu'il a sur le cœur, vous verrez si les portes des prisons ne s'ouvriront pas d'elles-mêmes.

HÉRAULT

Pour qui ?

LUCILE

Pour les tyrans.

HÉRAULT

O bergère imprudente, comme tu gardes mal tes moutons ! — « Vite à la bergerie ! » Écoute donc ta chanson.

Une domestique vient prendre l'enfant des mains de Lucile, et l'emporte. Lucile cause à voix basse avec elle, sort, rentre, est toujours en mouvement pendant toute cette scène, s'occupe aux mille petites choses de la maison, et ne prend part aux entretiens qu'à l'étourdie.

CAMILLE

Lucile a raison : il faut lutter. C'est à nous de diriger la Révolution, que nous avons faite. Cette voix n'a pas encore perdu son pouvoir sur la foule. Il a suffi de parler pour envoyer les enragés à la guillotine. Jamais nous n'avons été plus forts, poursuivons nos succès : le Luxembourg n'est pas plus difficile à prendre que la Bastille. Nous avons terrassé neuf siècles de monarchie : nous viendrons bien à bout d'un comité de gredins, qui ne tiennent leur pouvoir que de nous, et qui osent en user pour mettre la Convention et la France en coupe réglée.

PHILIPPEAUX, *se promenant avec agitation.*

Les scélérats ! S'ils se contentaient d'assassiner ! Mais non. Ils ont impliqué Fabre dans les concussions et les rapines de la Compagnie des Indes ; ils ont inventé ce conte invraisemblable, cette histoire de Juifs, de banquiers allemands achetant notre ami pour corrompre l'Assemblée. Ils savent qu'ils mentent ; mais leur conscience ne serait pas satisfaite, s'ils ne commençaient par salir leur ennemi avant de le tuer.

HÉRAULT

Nous avons des ennemis vertueux : c'est une consolation quand on est égorgé, de l'être au nom des bons principes.

CAMILLE

La France hait Tartufe. Fessons le cuistre et bâtonnons Basile.

PHILIPPEAUX

J'ai fait mon devoir : que chacun fasse de même. J'ai traîné au grand jour les brigands de l'armée de l'Ouest, l'état-major de Saumur. J'ai mordu à la gorge ces misérables ; et rien ne me fera lâcher prise, que la chute de ma tête. Je n'ai pas d'illusions : je sais ce qu'il en coûte d'attaquer le général Rossignol et ses souteneurs. Le Comité se recueille en ce moment ; mais c'est pour mieux me perdre. Quelle infamie cherchent-ils à me faire endosser ? J'ai la fièvre d'y penser. Ah ! qu'ils me guillotinent, s'ils veulent ; mais qu'ils ne touchent point à mon honneur !

HÉRAULT

Je suis plus tranquille que toi, Philippeaux. Je sais déjà le prétexte dont ils se serviront pour me supprimer. J'ai le malheur de penser qu'on peut être l'ennemi des gouvernements de l'Europe, sans haïr tous ceux qui ne sont pas Français. J'avais des amis à l'étranger ; je n'ai pas cru devoir y renoncer, pour flatter la folie de Billaud-Varenne et des malades de son espèce. On s'est introduit chez moi ; on a forcé mes tiroirs ; on m'a volé quelques lettres de pure affection : c'est assez ; je fais partie maintenant de la fameuse conspiration payée par l'or de Pitt, pour rétablir le roi.

CAMILLE

Es-tu sûr de ce que tu dis ?

HÉRAULT

Tout à fait sûr, Camille. Ma tête ne tient plus guère.

CAMILLE

Mets-toi donc à l'abri.

HÉRAULT

Il n'est point d'abri dans le monde pour un républicain. Les rois le traquent, et la République le dévore.

CAMILLE

Vous manquez de courage. Nous sommes toujours les plus populaires de la République.

HÉRAULT

Lafayette fut populaire aussi, et Pétion, et Roland. Capet lui-même fut populaire. Il y a huit jours, celui qui vient de passer était l'idole du peuple. Qui peut se flatter d'être aimé de cette brute ? A des moments, on croit saisir, dans ses yeux troubles, des lueurs de sa propre pensée. Quelle conscience n'est d'accord, un jour dans sa vie, avec la conscience de la foule ? Mais cet accord ne peut durer : c'est folie de s'obstiner à le poursuivre. Le cerveau du peuple est une mer, grouillant de monstres et de cauchemars.

CAMILLE

Voilà de grands mots ! Nous nous gonflons les joues pour dire le mot de Peuple, et nous le prononçons avec une solennité ridicule, afin que l'Europe croie en une force mystérieuse, dont nous sommes les instruments. Je le connais, ce peuple : il a travaillé pour moi. L'âne de la fable dit : « Je ne saurais porter deux bâts ; mais il ne se doute point qu'il puisse n'en point porter du tout. » Nous avons eu assez de peine à lui faire accomplir notre Révolution : il ne l'a faite qu'à contre-cœur. C'est nous qui avons été les ingénieurs et les machinistes de ce sublime mouvement ; sans nous, il n'eût point bougé. Il ne demandait point la République : c'est moi qui l'y ai conduit. Je lui ai persuadé qu'il avait voulu être libre, pour lui faire chérir la liberté comme son ouvrage. C'est l'éternel moyen pour diriger les faibles. On les convainc qu'ils ont voulu quelque chose, à quoi ils ne pensaient pas ; ils ne tardent pas à le vouloir, en effet, comme des lions.

HÉRAULT

Prends garde, Camille ; tu es un enfant ; tu joues avec le feu. Tu crois que le peuple t'a suivi, parce que vous couriez au même but. Il t'a dépassé maintenant. N'essaie pas de l'arrêter : on n'arrache pas à un chien l'os qu'il ronge.

CAMILLE

Il n'y a qu'à lui en jeter un autre. Allons, n'entend-on pas mon vieux Cordelier ? Sa voix ne résonne-t-elle pas jusqu'au fond de la République ?

LUCILE

Si vous saviez quel succès a eu son dernier numéro ! De tous côtés on lui écrit : des pleurs, des baisers, des déclarations d'amour. Ah ! si j'étais jalouse ! On le supplie de continuer, de sauver le pays.

HÉRAULT

Combien de ces amis viendront à son secours, si on l'attaque ?

CAMILLE

Je n'ai besoin de personne. A moi, mon écritoire ! La fronde de David (*il montre sa plume*) vient de renverser le fier-à-bras de la guillotine, le roi des jean-foutres et des tape-dur. J'ai cassé la pipe au père Duchesne, cette fameuse pipe, semblable à la trompette de Jéricho, qui, lorsqu'elle avait fumé trois fois autour d'une réputation, la réputation s'écroulait d'elle-même ! D'ici est parti le trait qui frappa au front le Goliath impudent et couard. J'ai soulevé contre lui les huées de son peuple. Tu as vu tout à l'heure, autour de la charrette, les fourneaux du père Duchesne ? C'est moi qui ai eu l'idée de les faire porter. Mon invention a eu un succès fou. Pourquoi me regardes-tu ?

HÉRAULT

Une idée.

CAMILLE

Dis-la.

HÉRAULT

As-tu pensé quelquefois à la mort ?

CAMILLE

A la mort ? non, non, je n'aime pas cela. Fi ! cela sent mauvais !

HÉRAULT

Tu n'as jamais pensé comme cela fait mal de mourir ?

LUCILE

Quelle horreur ! Voilà une conversation !

HÉRAULT

Tu es un bon, un cher, un aimable enfant, et pourtant tu es cruel, cruel comme un enfant.

CAMILLE, *ému.*

Tu crois, vraiment, je suis cruel ?

LUCILE

Voilà-t-il pas qu'il a les larmes aux yeux maintenant.

CAMILLE, *ému.*

C'est vrai, il a souffert, cet homme. La sueur de l'agonie, le cœur contracté d'épouvante, attendant l'écrasement de la vie, oh ! ce doit être une douleur horrible ! Si méprisable qu'il soit, il a souffert comme s'il était honnête, peut-être plus. Pauvre Hébert !

LUCILE, *les bras autour du cou de Camille.*

Mon pauvre Bouli-Boula, tu ne vas pas te désoler pour la mort d'un coquin qui voulait te couper le cou ?

CAMILLE, *avec colère.*

Oui. Aussi pourquoi m'attaque-t-on avec cette indignité ? « Si quis atrâ dente me petiverit, inultus ut flebo puer. »

LUCILE *à Hérault.*

Et vous, osez dire encore que mon Camille est cruel !

HÉRAULT

Mais certainement que j'ose. Ce cher garçon ! C'est peut-être le plus cruel de nous tous.

CAMILLE

Oh ! ne dis pas cela, Hérault : je finirai par le croire.

LUCILE, *à Hérault, le menaçant du doigt.*

Dites que ce n'est pas vrai, ou je vous arrache les yeux.

HÉRAULT

Eh bien, non, ce n'est pas vrai : le plus cruel, c'est vous.

LUCILE

A la bonne heure. Cela, je le veux bien.

CAMILLE

Ce que tu as dit me bouleverse, Hérault. C'est vrai, j'ai fait tant de mal, et pourtant je n'étais pas méchant. Je me suis fait le procureur de la Lanterne. Je ne sais quelle gaminerie diabolique me pousse. Par moi, les Girondins pourrissent dans les champs trempés par cette pluie glaciale. Mon Brissot dévoilé a fait trancher trente têtes jeunes, aimables, généreuses. Ils aimaient la vie, comme moi ; ils étaient faits pour vivre, pour être heureux, comme moi. Eux aussi, ils avaient de douces et chères Luciles. O Lucile, fuyons, sauvons-nous de cette action meurtrière, qui fait du mal aux autres, et peut-être à soi-même. Si nous aussi, si toi aussi, si notre petit Horace !... Ah ! que ne puis-je redevenir inconnu à tous les hommes ! Où est l'asile, le souterrain, qui me cacherait à tous les regards, avec ma femme, mon enfant et mes livres ? « O ubi campi Guisiaque ? »

PHILIPPEAUX

Tu es entré dans le tourbillon : tu n'en peux plus sortir.

HÉRAULT

Eh ! ne l'oblige pas à rester dans cette guerre qui n'est pas faite pour lui.

PHILIPPEAUX

Il l'a dit tout à l'heure : il faut qu'on fasse son devoir.

HÉRAULT, *montrant Camille embrassant Lucile.*

Regarde-le : le devoir de notre Camille ne te semble-t-il pas d'être heureux ?

CAMILLE

C'est vrai ; j'ai une vocation merveilleuse pour le bonheur. Il y a des gens qui sont aussi faits pour souffrir. Moi, la souffrance me dégoûte : je n'en veux point.

LUCILE

Ai-je contrarié ta vocation ?

CAMILLE

Ma Vesta, mon bon loup, ma petite Laridon !... Tu es une grande coupable ! Tu m'as fait trop heureux.

LUCILE

Oh ! le lâche qui se plaint !

CAMILLE

C'est que j'en ai perdu, vois-tu, toute force, toute foi.

LUCILE

Comment cela ?

CAMILLE

Je croyais autrefois à l'immortalité de l'âme. Quand je voyais les misères du monde, je me disais : le monde serait trop absurde, si la vertu n'avait sa récompense ailleurs. Mais maintenant, je suis si heureux, si complètement heureux, que je crains d'avoir reçu ma récompense sur terre ; et j'ai perdu ma démonstration de l'immortalité.

HÉRAULT

Tâche de ne jamais la retrouver.

CAMILLE

Qu'il est simple d'être heureux ! Et il y a si peu de gens qui savent l'être !

HÉRAULT

Plus une chose est simple, plus elle échappe aux hommes. On prétend que les hommes veulent être heureux. Quelle erreur ! Ils veulent être malheureux, ils y tiennent absolument. Les Pharaons et les Sésostris, les rois à tête d'épervier et à griffes de tigre, les bûchers de l'Inquisition, les pourrissoirs des Bastilles, la guerre qui égorge et qui ruine, voilà ce qui leur plaît. Il faut l'obscurité des mystères pour être cru. Il faut l'absurdité de la souffrance pour être aimé ! Mais la raison, la tolérance, l'amour partagé, le bonheur... fi ! C'est leur faire injure !

CAMILLE

Tu es amer. Il faut faire le bien aux hommes malgré eux.

HÉRAULT

Tout le monde s'en mêle aujourd'hui, le résultat est médiocre.

CAMILLE

Pauvre République ! Qu'ont-ils fait de toi ? — O campagnes fleuries, terre rajeunie, dont l'air est plus léger et la lumière plus limpide, depuis que la claire raison a de son souffle frais chassé du ciel français les tristes superstitions et les vieux saints gothiques, — rondes de jeunes gens dansant dans les prairies, — héroïques armées, poitrines fraternelles, mur d'airain où les lances de l'Europe se brisent, — joie de la beauté, des formes harmonieuses, entretiens du Portique, nobles Panathénées, où les filles aux bras blancs passent, enveloppées de souples draperies, — liberté de vivre, plaisir vainqueur de tout ce qui est laid, hypocrite ou morose, — République d'Aspasie et du bel Alcibiade, qu'es-tu devenue ? — Un bonnet rouge, une chemise sale, une voix enrouée, les idées fixes d'un maniaque, la férule pédante d'un magister d'Arras !

HÉRAULT

Tu es un Athénien chez les barbares, Ovide parmi les Scythes. Tu ne les réformeras pas.

CAMILLE

J'essaierai du moins.

HÉRAULT

Tu perds ton temps, ta vie peut-être.

CAMILLE

Qu'ai-je à craindre ?

HÉRAULT

Prends garde à Robespierre.

CAMILLE

Je le connais depuis l'enfance : un ami a le droit de tout dire.

HÉRAULT

Une vérité désagréable se pardonne plus aisément à un ennemi qu'à un ami.

LUCILE

Taisez-vous ; il faut qu'il soit grand, il faut qu'il sauve la patrie. — Celui qui ne pense pas comme moi n'aura pas de mon chocolat.

HÉRAULT, *souriant.*

Je ne dis plus rien.

(Lucile sort.)

PHILIPPEAUX

Ainsi, tu es décidé à agir, Desmoulins ?

CAMILLE

Oui.

PHILIPPEAUX

Alors, pas de trêve. Presse-les sans répit, la plume dans les reins. Le pire danger est la guerre d'escarmouches que tu fais. Tu te contentes de les harceler de tes flèches cuisantes ; c'est leur donner plus de force contre toi. Vise au cœur si tu peux : finissons-en d'un coup.

HÉRAULT

Mes amis, je n'approuve pas le parti que vous prenez ; mais si vous y êtes résolus, au moins faut-il tâcher de mettre toutes les chances de votre côté. Eh bien, pour partir en guerre, ce n'est pas assez, — (que Camille me pardonne) — ce n'est pas assez de la plume de Desmoulins. Le peuple ne lit point. Le succès du Vieux Cordelier vous fait illusion ; il ne pénètre pas la foule ; son public est tout autre. Tu le sais bien, Camille ; tu te plaignais toi-même qu'un de tes numéros eût été vendu vingt sous par l'éditeur ; ce sont les aristocrates comme nous qui l'achètent ; le peuple n'en connaît rien que ce que ses orateurs des clubs lui en disent : ils ne sont pas pour toi. Tu as beau hausser le ton et meubler ta mémoire d'expressions des halles, tu ne seras jamais du peuple. Il n'y a qu'un moyen d'agir sur lui, c'est d'y jeter Danton. Son tonnerre est seul capable de remuer ce lourd chaos humain. Danton n'a qu'à secouer sa crinière pour soulever le Forum. Mais Danton s'abandonne, il s'endort, il s'éloigne de Paris ; il ne parle plus à la Convention. On ne sait ce qu'il devient. Qui l'a vu ces temps derniers ? Où est-il ? Que fait-il ?

(Danton entre avec Westermann.)

SCÈNE II

LES MÊMES, DANTON, WESTERMANN

DANTON

Danton ribote. Danton caresse les filles. Danton se repose de ses travaux par d'autres travaux, comme Hercule!

(Desmoulins va au-devant de Danton et lui serre la main en riant. Westermann garde un air soucieux.)

CAMILLE

Hercule ne jette point sa massue, tant qu'il reste des monstres à tuer.

DANTON

Ne parle pas de tuer. Ce mot me fait horreur. La France fume de sang; l'odeur de la viande égorgée monte de terre comme d'une boucherie. Je viens de traverser la Seine : le soleil se couchait. La Seine était rouge; elle semblait rouler des flots de sang humain. Si nos fleuves aussi sont souillés, où laverons-nous nos fleuves, où laverons-nous nos mains? Assez de morts! Fécondons la République. Que les moissons et les hommes surgissent de la patrie rajeunie. Faisons l'amour, et cultivons nos champs.

CAMILLE

Qu'un dieu nous donne ces loisirs, ô Danton. C'est sur toi que nous comptons.

DANTON

Que voulez-vous, enfants?

PHILIPPEAUX

Que tu nous aides à lutter !

DANTON

Qu'avez-vous besoin de moi ? Dois-je toujours tout faire ! Vous êtes tous de même. Voilà Westermann. C'est pourtant un homme, celui-là ! Il a fait la guerre, il a sauvé trois ou quatre fois la patrie : avant de s'asseoir à table, il vous coupe la gorge à un homme pour se mettre en appétit. Et il faut que je l'aide aussi ! Faudra-t-il que je monte à cheval et que je sabre à sa place !

WESTERMANN

S'il s'agit de se battre, je ne cède ma place à personne. Mène-moi dans une plaine : montre-moi une foule à balayer, et tu verras si je m'en acquitte. Mais parler, répondre aux phraseurs de la Convention, déjouer les sales machinations des crapules du Comité qui travaillent à ma ruine, je ne sais pas. Je me sens perdu dans cette ville : ils sont une meute à me mordre au derrière, et il m'est interdit de bouger ; il faut que je supporte tout, sans rien faire pour me défendre. Me laisserez-vous dévorer, sans venir à mon secours ? Mille tonnerres ! J'ai combattu pour vous autrefois, j'ai les mêmes ennemis. Ma cause est aussi la vôtre, — la tienne, Danton, — la tienne, Philippeaux, tu le sais bien, toi !

PHILIPPEAUX

Je le sais, Westermann, c'est parce que tu as attaqué, comme moi, Rossignol, Ronsin, tous les scélérats qui déshonorent l'armée, que les Jacobins te poursuivent de leurs clameurs furieuses. Nous ne t'abandonnerons pas.

CAMILLE, *à Danton.*

Il faut agir. Je t'apporte ma plume, et Westermann son épée. Dirige-nous, Danton. Vieux routier, tu as l'expérience des foules : tu connais la stratégie des révolutions : mets-toi à notre tête, il y encore un dix août à faire.

DANTON

Plus tard.

PHILIPPEAUX

Tu disparais de l'arène, tu te fais oublier. Montre-toi. Que fais-tu, pendant des semaines, caché dans ta province ?

DANTON

J'embrasse la terre natale, afin d'y puiser, comme Antée, une vigueur nouvelle.

PHILIPPEAUX

Tu cherches des prétextes pour te retirer du combat.

DANTON

Je ne sais pas mentir. — C'est vrai.

CAMILLE

Qu'as-tu ?

DANTON

Je suis soûl des hommes. Je les vomis.

HÉRAULT

Tu fais crédit aux femmes, à ce qu'il paraît.

DANTON

Les femmes ont au moins la franchise de n'être que ce qu'elles sont, ce que nous sommes tous : des bêtes. Elles vont droit au plaisir, sans chercher à se mentir à elles-mêmes, à couvrir leurs instincts du manteau de la raison. Mais je hais l'hypocrisie de l'intelligence, l'idiotie sanguinaire de ces idéalistes, ces dictateurs de l'impuissance, qui nomment corruption la franchise des besoins légitimes, et feignent de nier la nature, pour assouvir sous le nom de vertu, leur monstrueux orgueil et leur fureur de destruction. Oh! être une brute, une bonne et franche brute, qui ne demande qu'à aimer les autres, pourvu qu'ils lui laissent une place au soleil!

CAMILLE

Oui, nous sommes rongés par l'hypocrisie.

DANTON

La plus odieuse des hypocrisies! L'hypocrisie du poignard. La guillotine vertueuse!

PHILIPPEAUX

Nous avons détruit Capet, et c'est pour que Tallien, Fouché, Collot d'Herbois, rétablissent les dragonnades à Bordeaux et à Lyon!

CAMILLE

Ces maniaques ont fondé une religion nouvelle, laïque et obligatoire, qui permet aux proconsuls de pendre, de tailler, de brûler, par vertu.

DANTON

Il n'est pas de danger pareil dans un État à celui des hommes à principes. Ils ne cherchent pas à faire le bien, mais à avoir raison; nulle souffrance ne les touche. La seule morale pour eux, la seule politique, est d'imposer leurs idées.

HÉRAULT, *récitant d'un ton gouailleur.*

« Un honnête homme a bien d'autres désirs!
Il n'est heureux qu'en donnant des plaisirs... »

LUCILE, *rentrant, saisissant les derniers mots, et continuant la citation, à l'étourdie.*

« Un aumônier n'est pas si difficile.
Il va piquant sa monture indocile,
Sans s'informer si le jeune tendron,
Sous son empire, a du plaisir ou non. »

HÉRAULT

Peste ! vous savez vos auteurs.

LUCILE

Eh bien, quel mal y a-t-il ? Chacun sait la Pucelle.

DANTON

Tu as raison, petite. C'est le bréviaire des honnêtes femmes.

HÉRAULT

En avez-vous récité parfois à Robespierre ?

LUCILE

Je n'aurais garde.

CAMILLE

L'avez-vous vu, quand on dit devant lui une gauloiserie ? Son front se plisse de grandes rides, et remonte vers son crâne ; il crispe les mains ; il grimace, comme un singe qui a mal aux dents.

HÉRAULT

Héritage de son père. C'est de Rousseau qu'il tient sa haine de Voltaire.

LUCILE, *étourdiment.*

Comment ! Il est fils de Rousseau ?

HÉRAULT, *se moquant.*

L'ignorez-vous ?

DANTON

Jésuiteries que tout cela. Il est plus corrompu que les autres. Quand on se cache d'aimer le plaisir, c'est qu'on a de mauvaises mœurs.

PHILIPPEAUX

Possible ; mais si Robespierre aime le plaisir, il le cache bien : et il a raison, Danton. Toi, tu le montres trop. Tu sacrifierais ta fortune pour une nuit au Palais-Royal.

DANTON

C'est que j'aime mieux une bonne fortune qu'une mauvaise.

PHILIPPEAUX

En attendant, tu compromets ta renommée; l'opinion suit tes actes : et que dira la postérité, quand elle saura que Danton, à la veille d'un combat décisif pour l'État, ne pensait qu'au plaisir ?

DANTON

L'opinion est une p.... l'honneur une foutaise, la postérité une fosse puante.

PHILIPPEAUX

Et la vertu, Danton ?

DANTON

Va demander à ma femme si elle est contente de la mienne.

PHILIPPEAUX

Tu ne penses pas ce que tu dis. Tu te calomnies à plaisir, tu fais le jeu de tes ennemis.

WESTERMANN, *qui a fait effort pour se contenir, éclate.*

Vous êtes tous des bavards et des bravaches qui se vantent. Les uns déclament sur leurs vertus, et les autres sur leurs vices. Vous ne savez que parler. Votre ville est un nid d'avocats et de procureurs. L'ennemi nous menace. Danton, oui ou non, veux-tu charger ?

DANTON

Laissez-moi tranquille ! J'ai perdu ma vie et mon repos, pour sauver la République : elle ne vaut pas une seule des heures que je lui ai sacrifiées. Assez ! Danton a acheté le droit de vivre enfin pour lui.

CAMILLE

Danton n'a pas acheté le droit d'être un Sieyès.

DANTON

Suis-je un cheval borgne, condamné à faire tourner la meule jusqu'à ce qu'il crève ?

CAMILLE

Tu t'es lancé dans un défilé bordé de précipices. Impossible de revenir sur tes pas. Il faut aller. L'ennemi est là, qui te souffle dans le dos : si tu t'arrêtes, il te jette en bas. Déjà il lève la main et calcule le coup qu'il veut porter.

DANTON

Je n'ai qu'à me retourner et leur montrer ma hure, pour qu'ils tombent foudroyés.

WESTERMANN

Fais donc. Qu'attends-tu ?

DANTON

Plus tard.

PHILIPPEAUX

Tes ennemis s'agitent. Billaud-Varenne se répand en paroles enragées contre toi. Vadier plaisante sur ta chute prochaine. Le bruit de ton arrestation a déjà couru dans Paris.

DANTON, *haussant les épaules.*

Sottise ! Ils n'oseront pas.

PHILIPPEAUX

Sais-tu ce que Vadier a dit ? J'hésitais à te répéter ses ignobles propos. Vadier a dit de toi : « Ce gros turbot farci, nous le viderons bientôt. »

DANTON, *tonnant.*

Vadier a dit cela ? Eh bien, réponds, réponds à ce scélérat, que je lui mangerai la cervelle, que je lui broierai le crâne ! Quand je craindrai pour ma vie, je deviendrai plus féroce qu'un cannibale ! *(Il écume de fureur.)*

WESTERMANN

Enfin !... Viens !

DANTON

Où ?

WESTERMANN

Parler aux clubs, soulever le peuple, renverser les comités, abattre Robespierre.

DANTON

Non.

PHILIPPEAUX

Pourquoi ?

DANTON

Plus tard. Je ne veux pas.

CAMILLE

Tu te perds, Danton.

WESTERMANN

J'étouffe quand je vois la peur d'agir qui pèse sur les honnêtes gens ici. Quel poison diabolique coule donc dans cet air, pour que des hommes comme vous, à un jour de l'échafaud, se croisent les bras et attendent, sans oser faire un mouvement, ou pour combattre ou pour fuir ! Je n'en puis plus. Je vous laisse. J'agirai sans vous. J'irai trouver ce Robespierre dont vous avez tous peur ; (car vous en avez peur, oui, tout en le plaisantant) ; votre timidité fait toute la force de ce gueux. Je lui cracherai la vérité : il verra pour la première fois un homme qui lui résiste. Je briserai l'idole !

(Il sort avec emportement.)

PHILIPPEAUX

Je viens avec toi, Westermann.

DANTON, *tranquillement, avec un peu de mépris.*

Il ne brisera rien du tout. Robespierre le regardera, — comme cela —; et ce sera fini ! Pauvre bougre !

PHILIPPEAUX

Danton, Danton ! où es-tu ? Où est l'athlète de la Révolution ?

DANTON

Vous êtes des poltrons. Il n'y a rien à craindre.

PHILIPPEAUX

« Quos vult perdere... » (*Il sort.*)

(*Hérault se lève, prend son chapeau et se dispose à partir.*)

CAMILLE

Tu pars aussi, Hérault ?

HÉRAULT

Camille, vous n'êtes point faits pour la guerre à la Westermann : je le sais. Mais alors, retire-t-en complètement. Fais-toi oublier. A quoi bon parler ?

CAMILLE

Pour satisfaire sa conscience.

HÉRAULT, *hausse les épaules doucement, et baise la main de Lucile.*

Adieu, Lucile.

LUCILE

Au revoir.

HÉRAULT, *souriant.*

Sait-on jamais ?

CAMILLE

Où vas-tu ?

HÉRAULT

Rue Saint-Honoré.

DANTON

Tu fais aussi visite à Robespierre ?

HÉRAULT

Non : ma promenade habituelle. Je vois passer les charrettes.

CAMILLE

Je croyais que ce spectacle te déplaisait.

HÉRAULT

C'est pour apprendre à mourir. *(Il sort. Lucile l'accompagne.)*

SCÈNE III

DANTON, CAMILLE

DANTON, *suivant des yeux Hérault.*

Pauvre diable, il s'inquiète; il me reproche mon inaction. Et toi aussi, Camille, tu as envie de me blamer, je le vois dans ton regard. Va, ne te gêne pas, mon garçon. Tu me prends pour un lâche ? Tu crois que Danton sacrifie ses amis et sa gloire à son ventre ?

CAMILLE

Danton, pourquoi ne veux-tu pas ?

DANTON

Enfants, Danton n'est point bâti sur la mesure des autres hommes. Des passions volcaniques incendient cette poitrine; mais elles ne font de moi que ce que je veux qu'elles fassent. Mon cœur a de vastes appétits, mes sens rugissent comme des lions; mais le dompteur est là ! *(Il montre sa tête.)*

CAMILLE

Quelle est donc ta pensée ?

DANTON

Epargner la patrie. La sauver à tout prix de nos luttes sacrilèges. Sais-tu le mal dont meurt la République ? Elle manque de médiocrité. Trop d'intelligences, trop de grandes volontés s'occupent de l'Etat. Plus pauvre en hommes, la République eût été plus forte. C'est trop pour une nation d'avoir eu Mirabeau, Brissot, Vergniaud, Marat, — Danton, — Desmoulins, Robespierre. Un seul de ces génies eût fait vaincre la Liberté. Réunis, ils s'entre-dévorent, et la France est ensanglantée de leurs haines. J'y ai trop pris part moi-même, bien que mon cœur me rende cette justice que je n'ai jamais combattu un Français, sans y avoir été contraint pour défendre ma vie, et que même dans les fureurs du combat, j'ai tout fait pour sauver mes ennemis abattus. Je n'irai pas maintenant, pour un intérêt personnel, engager une lutte avec le plus grand homme de la République, après moi. La forêt s'éclaircit autour de nous, je ne veux pas dépeupler la République. — Je connais Robespierre : je l'ai vu sortir de terre, grandir de jour en jour par sa ténacité, son labeur, sa foi dans ses idées ; et son ambition croissait à mesure, conquérant l'assemblée, s'imposant à la France. Un seul homme lui fait ombrage encore ; ma popularité contrebalance la sienne, et sa vanité maladive en saigne. Plusieurs fois, — je lui rends cette justice, — il a tenté d'imposer silence à ses instincts d'envie. Mais la fatalité des événements, sa jalousie plus forte que la raison, mes ennemis enragés qui l'excitent, tout nous mène à l'assaut. Quel qu'en soit le résultat, la République en sera ébranlée jusqu'en ses fondements. Eh bien ! c'est à moi de donner l'exemple du sacrifice. Que son ambition ne s'inquiète plus de la mienne. J'ai bu largement de cette âpre boisson, et elle m'a fait la bouche amère. Que Robespierre achève la coupe, s'il veut. Je me retire sous ma tente. Moins rancunier qu'Achille, j'attendrai patiemment qu'il me tende la main.

CAMILLE

Si l'un de vous doit se sacrifier, pourquoi serait-ce toi, et non pas lui ?

DANTON, *haussant les épaules.*

Parce que j'en suis seul capable, (*après un instant de silence*) et parce que je suis le plus fort.

CAMILLE

Cependant, tu détestes Robespierre.

DANTON

La haine est insupportable à mon cœur. Je suis sans fiel, non par vertu (je ne sais ce que c'est), mais par tempérament.

CAMILLE

N'es-tu pas inquiet de laisser le champ libre à ton ennemi ?

DANTON

Peuh ! j'ai sondé ses reins : il pourrait bien conduire la pièce jusqu'au quatrième acte ; mais il raterait infailliblement son dénouement.

CAMILLE

En attendant, que de mal il peut faire ! Ta force est le seul contrepoids au régime de violence et de terreur fanatique. Et que fais-tu de tes amis ? Les abandonnes-tu au sort qui les menace ?

DANTON

Je les sers davantage en déposant quelque temps ma puissance. Ils portent à présent la peine de la crainte que j'inspire. Robespierre m'écoutera, quand sa jalousie lui permettra de respirer. Et moi, j'aurai les mains plus libres pour agir, quand je ne serai plus le représentant d'un parti, mais de l'humanité. Il faut traiter les hommes comme des enfants, et savoir leur céder les jouets que leur avidité réclame, pour empêcher qu'ils s'obstinent stupidement à se perdre avec vous.

CAMILLE

Tu es trop généreux. Un renoncement comme le tien ne sera compris de personne. Robespierre ne peut croire à la sincérité de ta retraite ; son esprit soupçonneux y cherchera, y trouvera des ruses machiavéliques. Crains que tes ennemis ne profitent de ton abdication pour te frapper.

DANTON

Danton n'abdique point, il s'éloigne momentanément du combat ; mais il reste toujours prêt à y rentrer. Sois tranquille : à moi seul, je suis plus fort qu'eux tous, et des hommes de ma sorte ne craignent point l'oubli ; il leur suffit de se taire un instant, pour faire sentir le vide énorme du monde, quand ils ne sont plus pour le remplir. Je sers ma popularité même en m'écartant. Au lieu de disputer le pouvoir aux Achéens, je le laisse écraser leurs débiles épaules.

CAMILLE

Le premier usage qu'ils en feront, ce sera contre toi. Toute la meute des Vadier se ruera à la curée.

DANTON

J'en découdrai plus d'un ! Je suis habitué à combattre les monstres. Enfant, je luttais avec les taureaux. Ce nez écrasé, cette lèvre décousue, ce mufle, portent encore l'empreinte de leurs cornes sanglantes. Des porcs à demi-sauvages, un jour que je les poursuivais à grands cris dans les prés, m'ont mordu férocement au ventre. Je ne crains point les Vadier. Et puis, ils sont trop lâches.

CAMILLE

Si cependant ils osaient ! Pour se donner du cœur, ils viennent de rappeler Saint-Just de l'armée, on dit qu'ils attendent son retour pour agir.

DANTON

Eh bien, s'ils me poussent à bout, que la responsabilité de la lutte les écrase ! J'ai le cuir dur et supporte patiemment les affronts. Mais du jour où je me lancerai contre eux, je ne m'arrêterai que tout soit abattu. Les misérables ! Je ne ferais qu'une bouchée d'eux tous !...

SCÈNE IV

LES MÊMES, ROBESPIERRE, LUCILE

(Lucile entre précipitamment.)

LUCILE, *courant vers Camille. — d'une voix effrayée.*

Robespierre !...

(Robespierre entre, froid, impassible, il regarde d'une façon aigue et rapide : il ne fait aucun geste.)

CAMILLE, *empressé et légèrement ironique, va au-devant de lui.*

Ah ! cher Maximilien, tu arrives à propos. Voici une heure que tu présides, quoique absent, à nos entretiens.

DANTON, *gêné.*

Bonjour, Robespierre.

(Indécis à lui tendre la main, il attend que son rival lui fasse les premières avances. Robespierre ne répond pas, serre

froidement la main à Lucile et à Camille, salue brièvement de la tête Danton, et s'assied. Camille et Danton restent debout. Lucile, toujours en mouvement.)

LUCILE

Comme c'est aimable à toi de trouver le temps de nous faire visite, au milieu de tes occupations! Mets-toi plus près du feu. Il fait dehors un brouillard qui glace l'âme. Comment vont tes chers hôtes, la citoyenne Duplay, et ma petite amie Eléonore?

ROBESPIERRE

Merci, Lucile. — Camille, je veux te parler.

LUCILE

Désires-tu que je vous laisse seuls?

ROBESPIERRE

Non, pas toi.

CAMILLE, *arrêtant Danton qui a fait un mouvement pour se retirer.*

Danton est de moitié dans toutes nos pensées.

ROBESPIERRE

Le bruit public le dit. J'hésitais à le croire.

DANTON

Est-ce que cela te contrarie?

ROBESPIERRE

Peut-être.

DANTON

Que veux-tu? Il y a une chose que tu n'empêcheras jamais: c'est que Danton soit aimé.

ROBESPIERRE, *méprisant.*

Le nom de l'amour est banal, sa réalité est rare.

DANTON, *méchamment.*

Il y a de certains hommes, dit-on, qui ne la connaissent point.

ROBESPIERRE, *après un court moment de silence, froidement, les mains un peu nerveuses.*

Je ne suis pas venu parler des débauches de Danton. — Camille, tu t'obstines, malgré mes avertissements, à suivre la voie où de mauvais conseils et ton étourderie t'ont jeté. Ton pamphlet malfaisant va semer les divisions par toute la France. Tu dépenses ton esprit à ébranler le crédit des hommes nécessaires à la République. Toutes les réactions s'arment de tes sarcasmes contre la liberté. Longtemps j'ai désarmé les haines que tu soulèves, je t'ai sauvé deux fois : je ne te sauverai pas toujours. L'État s'émeut des complots des factieux ; je n'ai aucune volonté contre celle de l'État.

CAMILLE, *blessé et blessant.*

Épargne-toi la peine de tant songer à moi. Ta sollicitude me touche, Maximilien, mais je n'ai besoin de personne : je sais me défendre seul, et je marche sans lisières.

ROBESPIERRE

Vaniteux, ne réplique point : ton étourderie est ta seule excuse.

CAMILLE

Je ne veux point d'excuse. J'ai bien mérité de la Patrie. Je défends la République contre les Républicains. J'ai parlé librement ; j'ai dit la vérité. Quand toute vérité n'est plus bonne à dire, c'est qu'il n'y a plus de République. La devise des Républiques, ce sont les vents qui soufflent sur les flots de la mer. « *Tollunt, sed attollunt !* » Ils les agitent, mais ils les élèvent !

ROBESPIERRE

La République n'est pas, Desmoulins : nous la faisons. Ce

n'est pas avec la liberté qu'on fonde la liberté. Comme Rome aux temps d'épreuves, la nation menacée s'est soumise à une dictature pour briser les obstacles, et pour vaincre. C'est une dérision de prétendre que lorsque l'Europe et les factions menacent de tuer pour toujours la République, on ait le droit de tout dire, de tout faire, et de fournir par ses paroles et par ses actes des armes à l'ennemi.

CAMILLE

Quelles armes lui donné-je donc ? J'ai défendu ce qu'il y avait de plus pur au monde : la fraternité, la sainte égalité, la douceur des maximes républicaines, ce *res sacra miser*, ce respect pour le malheur que commande notre sublime Constitution. J'ai fait aimer la liberté. J'ai voulu faire briller aux yeux des peuples la radieuse image du bonheur.

ROBESPIERRE

Le bonheur ! Voilà le mot funeste avec lequel vous attirez à vous tous les égoïsmes et toutes les convoitises. Qui ne veut le bonheur ? Mais ce n'est point le bonheur de Persépolis que nous offrons aux hommes, c'est celui de Sparte. Le bonheur, c'est la vertu. Mais vous, vous avez abusé de son expression sainte, pour réveiller dans l'esprit des lâches les désirs de ce bien criminel, qui consiste dans l'oubli des autres et dans la jouissance du superflu. Honteuse pensée qui étoufferait bientôt la flamme de la Révolution ! Que la France sache souffrir, qu'elle mette son plaisir à souffrir pour être libre, à sacrifier son bien-être, son repos, ses affections pour le bonheur du monde !

CAMILLE, *sur un ton de persiflage courtois, qui brusquement, à la fin de la tirade, devient incisif et tranchant.*

Maximilien, en t'écoutant, un passage de Platon me revient à l'esprit : « Quand j'entends, disait le bon général Lachès, quand j'entends un homme qui parle bien de la vertu et que c'est un vrai sans-culotte, digne des propos qu'il tient, c'est pour moi une volupté inexprimable : il me semble que c'est là le seul musicien qui rende une harmonie parfaite : car toutes ses actions s'accordent avec toutes ses paroles, non pas selon les modes, lydien, jacobin ou genevois, mais selon le ton français qui seul mérite le nom d'harmonie républicaine. Quand un tel homme me parle, il me remplit de joie et il n'y a personne qui ne croie que je suis fou des discours, tant je saisis avidement ses paroles. Mais celui qui chante une vertu qu'il ne pratique pas, m'afflige cruellement, et plus il paraît bien dire, plus il me donne d'aversion pour sa musique. »

A la fin de ce couplet, Desmoulins tourne le dos à Robespierre, qui se lève, sans geste et sans paroles, pour partir. Lucile, inquiète du tour qu'a pris la conversation, et qui ne quitte pas des yeux Robespierre, lui prend la main et essaie de plaisanter.

LUCILE, *montrant Camille.*

Il faut que ce méchant garçon contredise sans cesse. Si tu savais comme il me fait enrager quelquefois ! Cher Maximilien, vous êtes toujours les mêmes. Vous vous disputez comme au collège d'Arras.

Robespierre, glacé, ne répond rien et se dispose à sortir.)

DANTON, *changeant de ton et s'avançant vers Robespierre avec l'expression d'une cordialité sincère.*

Robespierre, nous avons tort tous trois. Soyons des hommes qui n'obéissent qu'à la raison et sachons sacrifier nos rancunes à la patrie. Je viens à toi, et je t'offre ma main. Pardonne-moi un mouvement d'impatience.

ROBESPIERRE

Danton croit qu'il suffit d'un mot pour effacer ses outrages. L'offenseur n'a point de peine à oublier ses offenses.

DANTON

J'ai tort sans doute de prêter à mes adversaires ma générosité. Mais le souci de la République l'emporte : elle a besoin de mon énergie et de tes vertus. Si mon énergie te répugne, songe que tes vertus me sont odieuses : nous sommes quittes. Fais comme moi, bouche-toi le nez, et sauvons la patrie.

ROBESPIERRE

Je ne crois point un homme indispensable à la patrie.

DANTON

C'est le mot de tous les envieux. Avec ce beau raisonnement, ils châtrent la nation de tout ce qui fait sa force.

ROBESPIERRE

Point de force où manque la confiance

DANTON

Tu te défies de moi ? Tu crois aux sottises qu'on répand sur mon compte, aux hallucinations de Billaud-Varennes ? Regarde-moi. Ai-je donc la face d'un hypocrite ? Haïssez-moi, mais ne me soupçonnez pas !

ROBESPIERRE

C'est aux actes qu'on juge les hommes.

DANTON

Que reproches-tu aux miens ?

ROBESPIERRE

De ménager tous les partis.

DANTON

J'ai une âme fraternelle pour tous les malheureux.

ROBESPIERRE

On se vante de n'avoir point de haine, et on ne hait point, en effet, les ennemis de la République, mais on détruit ainsi la

République. La pitié pour les bourreaux est une cruauté pour les victimes. Cette indulgence nous a mis dans la nécessité de raser des villes ; elle nous coûterait un jour trente ans de guerre civile.

DANTON

Tu vois le crime partout! c'est une folie. Si tu es malade, soigne ton mal, mais ne force pas ceux qui sont sains à prendre médecine. La République se dévore. Il est encore temps d'arrêter cette Terreur absurde et féroce qui consume la France. Mais si tu ne te hâtes, si tu ne te joins à nous, toi-même tu seras bientôt incapable d'en limiter les ravages ; tu le voudras en vain ; elle te brûlera avec les autres ; elle te brûlera avant les autres. Malheureux, tu ne vois donc pas que du jour où Danton ne serait plus là, tu serais le premier frappé ? C'est moi qui te protège encore de l'incendie.

ROBESPIERRE, *s'écartant de Danton, froidement.*

Qu'il me brûle !

CAMILLE, *bas à Danton.*

Tu en as trop dit, Danton : tu as blessé son amour-propre.

DANTON

Au nom de la patrie, Robespierre, de cette patrie que nous adorons avec la même ardeur, et à qui nous avons tout donné, faisons l'amnistie entière pour tous, amis et ennemis, pourvu qu'ils aiment la France. Que cet amour lave tous soupçons et toutes fautes. Sans lui, point de vertu. Avec lui, point de crime.

ROBESPIERRE

Point de patrie sans vertu.

DANTON, *pressant, menaçant.*

Une fois encore, je te demande la paix. Songe qu'il m'en coûte de te faire des avances. Mais je dévore toute humiliation, si elle sert la République. Donne-moi la main ; mets Fabre en liberté ; renvoie Westermann à l'armée ; protège contre les furieux Hérault et Philippeaux.

ROBESPIERRE

Je suis fait pour combattre le crime, non pour le gouverner.

DANTON, *sur le point d'éclater, se contient.*

C'est la guerre que tu veux, Robespierre ? Penses-y bien.

ROBESPIERRE, *impassible, tourne le dos à Danton, et s'adresse à Desmoulins.*

Camille, une dernière fois, tu cesseras tes attaques contre le Comité.

CAMILLE

Qu'il cesse de les mériter.

ROBESPIERRE

Soumets-toi comme les autres aux ordres de la nation.

CAMILLE

Je suis le représentant de la nation ; j'ai le droit de parler pour elle.

ROBESPIERRE

Tu lui dois l'exemple de l'obéissance aux lois.

CAMILLE

Nous savons trop comment les lois sont faites. Nous sommes tous avocats, procureurs, hommes de loi, Robespierre ; nous savons ce que recouvre la majesté de la loi. Et moi aussi, je rirais en nous voyant ensemble, si je ne pensais aux larmes que fait verser la comédie que nous jouons. Nous coûtons trop cher aux hommes. La vertu elle-même ne vaudrait pas le prix dont nous la faisons payer : à plus forte raison, le crime.

ROBESPIERRE

Qui n'était point de force à supporter sa tâche, ne devait point l'accepter. Qui l'accepte doit marcher et se taire, jusqu'à ce qu'il tombe, écrasé sous le poids.

CAMILLE

Je consens à me sacrifier, mais non à sacrifier les autres.

ROBESPIERRE

Adieu, pense à Hérault.

CAMILLE

Pourquoi me parles-tu d'Hérault ?

ROBESPIERRE

Hérault est arrêté.

DANTON, CAMILLE

Arrêté ? Il sort d'ici.

ROBESPIERRE

Je le sais.

LUCILE

Mais qu'a-t-il fait ? Maximilien, quel est son crime ?

ROBESPIERRE

Sa maison servait d'asile à un proscrit.

CAMILLE

Il faisait son devoir.

ROBESPIERRE

Le Comité a fait le sien.

DANTON, *éclatant.*

Jean-foutre, tu me provoques ! Ainsi, tu veux nous égorger

tous, l'un après l'autre? Tu ébranches le chêne de ses puissants rameaux, avant d'entamer sa poitrine? — Mes racines s'enfoncent au fond de la terre, dans le cœur du peuple de France. Tu ne les arracherais, qu'en tuant la République. Ma chute vous écrasera tous, et les rats immondes qui me rongent seront les premières victimes. Ma longanimité vous encourage! La vermine me monte effrontément au corps. C'en est trop! Le lion se secoue. — Mais, petit bougre, tu ne sais donc pas que si je voulais, je t'écraserais dans mes doigts comme un pou? Vive la guerre, puisque vous la voulez! L'ardeur des luttes anciennes me remonte au cerveau. Cette voix trop longtemps comprimée va se faire entendre enfin, et lancera la nation à l'assaut des tyrans.

CAMILLE

Nous monterons à l'escalade des nouvelles Tuileries. Le Vieux Cordelier va battre le pas de charge.

(Robespierre, sans sourciller, se dirige vers la porte. Lucile, mortellement inquiète, incapable de parler, a disparu un moment dans la pièce voisine, revient avec son enfant, l'apporte à Robespierre.)

LUCILE

Maximilien!

(Robespierre se retourne, regarde le petit Horace, hésite un moment, lui sourit, puis le prend et s'assied. Il embrasse l'enfant, regarde Lucile et Camille. Puis, toujours muet, il rend l'enfant à Lucile et sort sans regarder personne. Tout ce jeu de scène très sobre et sans aucune émotion apparente, sauf chez Lucile.)

SCÈNE V

LUCILE, CAMILLE, DANTON

CAMILLE

Pauvre Lucile, tu es inquiète !

LUCILE

O Camille, Camille, comme tu es imprudent !

CAMILLE

Tu m'excitais tout à l'heure.

LUCILE

Ah ! j'ai des remords maintenant !

CAMILLE

Il faut dire ce qu'on pense. Et puis... (*Il hausse l'épaule.*) Bah ! je n'ai rien à craindre, moi : il m'aime au fond : il me défendra toujours !

LUCILE

J'ai peur.

CAMILLE

Il a plus peur que nous ; la voix de Danton a eu de l'effet déjà. Il est de ces gens qui ont besoin de craindre ceux qu'ils aiment. Allons ! Il faut voir nos amis, s'entendre avec eux. Ne perdons plus de temps... Viens, Danton.

DANTON, *assis, préoccupé.*

Oui. Où allons-nous ?

CAMILLE

Rejoindre Philippeaux, Westermann ; sauver Hérault.

DANTON

Demain... demain.

CAMILLE

Il sera trop tard.

DANTON, *très triste, très affectueux.*

Lucile, lis-moi quelque chose, fais-moi de la musique, dis-moi des paroles qui consolent.

LUCILE

Qu'as-tu ? (*Debout derrière lui, elle s'appuie sur son épaule : il lui prend la main et l'applique contre sa joue.*)

DANTON

O République ! Se détruire soi-même. Détruire l'ouvrage de ses mains, détruire la République ! Vainqueurs ou vaincus, qu'importe ? Dans les deux cas, vaincus !

CAMILLE

Dans les deux cas, vainqueurs, couronnés par la Gloire !

DANTON, *violemment, se levant.*

Allons, et que la République épouvante le monde du fracas de sa chute !...

ACTE II

La chambre de Robespierre dans la maison Duplay. Une croisée. Une cheminée. Deux portes. Un lit de noyer, avec des rideaux en damas bleu à fleurs blanches. Très modeste bureau. Quelques chaises de paille. Casier servant de petite bibliothèque. La porte de gauche mène au cabinet de toilette des Duplay. La fenêtre donne sur une cour où travaillent des menuisiers. On entend le bruit des ouvriers qui clouent, rabotent et scient. Robespierre est seul, assis à son bureau.

SCÈNE PREMIÈRE

MADAME DUPLAY, ROBESPIERRE

MADAME DUPLAY, *ouvrant la porte.*

Je te dérange, Maximilien ?

ROBESPIERRE, *souriant amicalement.*

Non, citoyenne Duplay. *(Il lui tend la main.)*

MADAME DUPLAY

Toujours au travail. Tu ne t'es pas couché, cette nuit.

ROBESPIERRE

J'étais au Comité.

MADAME DUPLAY

Je t'ai entendu rentrer. Il était plus de trois heures. Mais ne pouvais-tu te reposer ce matin ?

ROBESPIERRE

Je dors peu, tu le sais : j'ai habitué mon corps à m'obéir.

MADAME DUPLAY

Tu m'avais promis de ne plus veiller. Tu te fatigues, tu vas tomber malade. Et que deviendrons-nous ?

ROBESPIERRE

Mes pauvres amis, il faudra pourtant bien vous habituer à vous passer de moi. Je ne serai pas toujours là.

MADAME DUPLAY

Quoi, veux-tu nous quitter ?

ROBESPIERRE, *avec un mélange de sincérité et d'emphase.*

Non ; et pourtant je vous quitterai plus tôt que vous ne pensez.

MADAME DUPLAY

Je te le défends bien : j'entends partir la première, et je ne suis pas pressée.

ROBESPIERRE, *souriant.*

Je serais plus tranquille, si je pensais qu'on tient moins à moi.

MADAME DUPLAY

Quoi ? cela ne te fait pas plaisir qu'on t'aime ?

ROBESPIERRE

La France se porterait mieux, si elle pensait moins à Robespierre, et plus à la liberté.

MADAME DUPLAY

La liberté se confond avec Robespierre.

ROBESPIERRE

C'est bien là ce qui m'inquiète pour elle. J'ai peur pour sa santé.

MADAME DUPLAY, *s'approchant de la fenêtre.*

Comme ils font du bruit dans la cour ! Je suis sûre que ce tapage de marteaux et de rabots te fatigue. J'ai demandé vingt fois à Duplay que les ouvriers ne commencent pas si tôt le travail, afin de ne pas te réveiller quand tu dors ; mais il dit que tu défends qu'on change rien aux habitudes.

ROBESPIERRE

Il a raison. Cette activité régulière me repose. Le travail est bienfaisant aux autres et à soi-même. Au sortir d'une nuit de pensées fiévreuses, comme celles où nous sommes forcés de vivre, il renouvelle l'air vicié et meurtrier.

MADAME DUPLAY

Quel travail t'a fait veiller cette nuit ?

ROBESPIERRE

Non le travail, mais le souci.

MADAME DUPLAY

Tu as l'air préoccupé, comme à la veille d'une catastrophe.

ROBESPIERRE

Une catastrophe, oui.

MADAME DUPLAY

Ne peux-tu l'empêcher ?

ROBESPIERRE

Loin de là, je dois l'accomplir.

MADAME DUPLAY

Je n'ai pas le droit de t'interroger; mais il ne faut pas être triste aujourd'hui. La maison est en fête. Lebas et Saint-Just sont revenus cette nuit de l'armée.

ROBESPIERRE

Saint-Just est revenu ? Tant mieux : j'ai besoin de sa volonté.

MADAME DUPLAY

J'oubliais de te dire : il y a un général qui voulait te parler, le général Westermann. Il était ici avant le jour; je l'ai empêché de monter. Il a dit qu'il reviendrait dans une heure. Faut-il le recevoir ?

ROBESPIERRE

Je ne sais.

MADAME DUPLAY

Il a attendu longtemps dans la cour. Il pleuvait.

ROBESPIERRE

Bien.

MADAME DUPLAY

Quel temps il faisait cette nuit ! Je suis revenue trempée.

ROBESPIERRE

Où étais-tu ?

MADAME DUPLAY

Aux Halles. J'ai fait queue depuis minuit. On se poussait ! Impossible de fermer l'œil un instant; tout de suite votre place était prise. A l'ouverture des grilles, on s'est battu. Heureusement, je sais défendre mes droits. Enfin, j'ai réussi à avoir trois œufs et un quarteron de beurre.

ROBESPIERRE

Trois œufs pour la maison, ce n'est guère.

MADAME DUPLAY

Pour Éléonore, pour Élisabeth, et pour toi, — mes trois enfants.

ROBESPIERRE

Bonne maman Duplay, tu ne crois pas que je vais vous prendre le pain de la bouche ?

MADAME DUPLAY

Tu ne vas pas me refuser : c'est pour toi que j'ai été là-bas. Tu es souffrant, tu as l'estomac faible. Si encore tu voulais de la viande ! Mais tu défends qu'on en achète.

ROBESPIERRE

La viande se fait rare ; il faut la garder aux soldats et aux malades. Nous avons décrété un carême civique. C'est à moi et à mes collègues de donner l'exemple de l'abstinence.

MADAME DUPLAY

Tous n'ont pas tes scrupules.

ROBESPIERRE

Je le sais : j'ai vu certains d'entre eux festoyer dans la misère publique : cela me fait horreur. Chacun de ces repas vole à la patrie la force d'une trentaine de ses défenseurs.

MADAME DUPLAY

Quelle misère ! plus de viande, plus de volailles, plus de laitage. Les légumes sont accaparés par l'armée. Avec cela, on ne peut plus se chauffer. C'est la seconde nuit que Duplay attend son tour au bateau de charbon ; il vient de rentrer les mains vides. Quant au bois, il n'y faut pas penser. Sais-tu quel prix on m'en a fait la corde ? — Quatre cents francs ! — Heureusement, voici le printemps. Un mois de plus et nous y restions tous. Je n'ai pas souvenir, depuis que je vis, d'un hiver aussi dur.

ROBESPIERRE

Oui, tu as souffert, vous avez toutes souffert, pauvres femmes, et avec quel courage ! Mais conviens que malgré toutes ces peines, vous avez connu aussi des joies que vous ignoriez : la joie de concourir, tous, du plus petit au plus grand, à l'œuvre sublime : la liberté du monde !

MADAME DUPLAY

Certes, je suis heureuse. Quelque chose qui vienne maintenant, ce temps de misère restera le meilleur de notre vie : ce ne sont pas des souffrances ordinaires, absurdes, qui ne servent à rien. Chacun de nos jeûnes enrichit la nation. Quelle fierté nous te devons, Maximilien ! Hier soir, je pensais en faisant la lessive : si petite bourgeoise que je sois, si peu sûre du lendemain et si lasse de recommencer chaque jour la chasse du pain quotidien, je travaille au salut de la patrie : rien n'est perdu de mes peines ; chacun de mes efforts est compté pour la victoire, et je marche avec vous à la tête de l'humanité !

LES OUVRIERS, *dans la cour, chantant.*

« Scions, clouons, forgeons bien
Bois de fusils, manches de piques.
Travaillons grand train,
Soldats de la République.
Vous n'manquerez de rien. »

MADAME DUPLAY, *souriant.*

Ils viennent de terminer une commande pour l'armée du Nord ; ils ont le ventre creux, mais ils sont contents.

ROBESPIERRE

Peuple sublime ! qu'il est bon d'en faire partie ! qui pourrait pardonner à ceux qui tentent de corrompre cette source d'abnégation et de sacrifice ? . . . .

(On entend Westermann gronder au dehors.)

MADAME DUPLAY

C'est le général. Il s'impatiente.

ROBESPIERRE

Fais-le monter. (*Mme Duplay sort.*)

(*Robespierre jette un coup d'œil sur son miroir. En un instant, sa figure change, devient dure, immobile, glaciale.*)

SCÈNE II

ROBESPIERRE, WESTERMANN

WESTERMANN, *entrant impétueusement.*

Tonnerre de Dieu ! ce n'est pas trop tôt. Il y a deux heures que je fais le pied de grue à ta porte. Foutre, il est plus difficile d'entrer chez toi que dans une ville vendéenne.

(*Robespierre, les mains derrière le dos, immobile, les traits rigides, les lèvres pincées, regarde en face Westermann. Westermann, interloqué un instant, reprend.*)

WESTERMANN

Je croyais que tu ne voulais pas me recevoir. Desmoulins m'avait dit qu'on m'empêcherait de passer. Et moi, j'avais juré que j'entrerais, quand je devrais enfoncer ta porte à coups de canon. (*Il rit.*) Tu excuses ma franchise martiale ? (*Robespierre continue de se taire. Westermann, de plus en plus gêné, tâche de prendre un air dégagé.*) Bougre ! Tu es bien gardé. Il y a une belle fille en faction devant ta porte ; elle ravaude des bas. Pas commode, la demoiselle. Comme toi, incorruptible. Il aurait fallu lui passer sur le corps. En pays ennemi, ce n'eût pas été tant déplaisant. *(Il rit d'une façon forcée. Robespierre se tait, mais remue les mains avec impatience. Westermann s'assied, veut se mettre à l'aise. Robespierre reste debout. Westermann se relève.)* Des imbéciles prétendent que tu es mon ennemi. J'en hausse les épaules. La vertu, ennemie de la vertu ! Allons donc ! Aristide peut-il être l'ennemi de Léonidas ? Le bastion de la République et le rempart de la patrie ne sont-ils pas faits pour s'appuyer l'un l'autre ? Des bougres comme nous, qui mettent au-dessus de tout la gloire de la nation, s'entendront toujours, n'est-il pas vrai ? *(Il lui tend la main. Robespierre ne bouge ni ne répond.)* Ne veux-tu pas me donner la main ? Tonnerre ! c'est donc vrai ? tu es mon ennemi ? tu conspires ma perte ? Mille cochons ! si je le savais ! Suis-je un jean-foutre, que tu me laisses deux heures me morfondre dans ta cour ; et lorsque je suis chez toi, que tu ne m'offres même pas un siège pour m'asseoir, que tu me laisses là, debout, à parler, sans répondre ! Nom de Dieu !

(Il frappe du pied le plancher.)

ROBESPIERRE, *glacial.*

Général, vous faites fausse route. Il y a loin de Léonidas au père Duchesne. Vous cherchez vos modèles en une place dangereuse.

WESTERMANN, *interloqué.*

Quelle place ?

ROBESPIERRE

La place de la Révolution.

WESTERMANN, *tout à fait démonté.*

Mais enfin, citoyen, qu'ai-je fait ? de quoi m'accuses-tu ?

ROBESPIERRE

Le Comité de Salut public vous le dira.

WESTERMANN

J'ai le droit d'être averti.

ROBESPIERRE

Interrogez votre conscience.

WESTERMANN

Elle ne me reproche rien.

ROBESPIERRE

Je plains celui qui ne peut plus entendre la voix du remords.

WESTERMANN, *se force pour être calme: mais sa voix tremble de douleur et de rage.*

Je n'ai qu'un remords : c'est d'avoir sacrifié ma vie à une patrie aussi ingrate. Voilà trente ans que je souffre pour elle toutes les misères. Je l'ai sauvée dix fois de l'invasion. Jamais elle n'a reconnu mes services. Le premier sycophante venu me dénonce; on écoute les lettres anonymes des soldats dont j'ai châtié la couardise; on m'accuse, on me menace, on me casse de mon grade: et des imbéciles, des goitreux, des fripouillards, me passent sur le dos: il faut que j'obéisse à un Rossignol, un orfèvre stupide, qui ne sait rien de la guerre, qui ne s'est fait connaître que par ses balourdises, et dont tous les titres sont la crasse de son origine et la protection des jacobins. Kléber, Dubayet et Marceau se rongent en des postes infimes, et un boutiquier de Niort commande à deux armées!

ROBESPIERRE

La République fait plus de cas dans un chef, de la force de ses convictions républicaines, que de son habileté militaire.

WESTERMANN

La République fait-elle cas aussi des défaites de Rossignol?

ROBESPIERRE

La responsabilité des défaites de Rossignol ne pèse point

sur lui, mais sur ceux qui l'environnent. Si Kléber, Dubayet, Westermann, sont si fiers de leurs talents, qu'ils en fassent profiter le général que la nation leur impose !

WESTERMANN

Ainsi, vous voulez nous dérober la gloire de nos actions ?

ROBESPIERRE

Oui.

WESTERMANN

Avouez-le : la gloire militaire vous fait peur, vous voulez l'humilier ?

ROBESPIERRE

Oui.

WESTERMANN, *insultant.*

Elle gêne l'ambition des avocats ?

ROBESPIERRE

Elle insulte la raison, elle menace la liberté. Qui vous rend si fiers ? Vous ne faites que votre devoir. Vous risquez votre vie ? Nos têtes, à tous, en France, sont l'enjeu de la formidable partie que nous jouons avec le despotisme. Quel mérite avez-vous de plus que nous à braver la mort ? Nous sommes tous voués à la mort ou à la victoire. Vous êtes, comme nous, les instruments de la Révolution, la hache chargée de frayer la voie à la République au travers de ses ennemis. C'est une tâche terrible qu'il convient d'accepter sans faiblesse, mais sans orgueil. Vous n'avez pas plus lieu d'être fiers de vos canons, que nous de la guillotine.

WESTERMANN

Tu outrages la grandeur de la guerre.

ROBESPIERRE

Il n'y a de grand que la vertu. Où qu'elle se trouve : soldats, ouvriers, législateurs, la République l'honore. Mais que les criminels tremblent ! Rien ne les protège de ses coups, ni leurs titres, ni leurs épées.

WESTERMANN

C'est moi que tu menaces ?

ROBESPIERRE

Je n'ai nommé personne. Malheur à qui se désigne lui-même !

WESTERMANN

Tonnerre ! (*Il regarde, hors de lui, avec des gestes menaçants. Robespierre impassible : il tremble convulsivement de tous ses membres, et va pour sortir d'un pas égaré. Se retournant.*) Prends garde à toi, Sylla ! Ma tête est plus solide que celle de Custine. Il y a encore des hommes qui ne craignent point la tyrannie. Je vais trouver Danton. (*Il se heurte au mur avant de trouver la porte, et sort avec fracas.*)

SCÈNE III

ROBESPIERRE, ÉLÉONORE DUPLAY

ÉLÉONORE, *sortant de l'appartement des Duplay.*

Enfin ! il est parti ! oh ! Maximilien, comme j'étais inquiète, pendant qu'il était là !

ROBESPIERRE, *souriant affectueusement.*

Chère Éléonore ! vous écoutiez ?

ÉLÉONORE

La voix de cet homme m'effrayait ; je n'ai pu m'empêcher de venir ; j'étais à côté, dans le cabinet de toilette de maman.

ROBESPIERRE

Et qu'auriez-vous pu faire, s'il avait eu de mauvais desseins ?

ÉLÉONORE, *embarrassée.*

Je ne sais pas.

ROBESPIERRE, *lui prenant la main qu'elle cache derrière son dos.*

Qu'est ceci ?

ÉLÉONORE, *rougissant.*

Un pistolet que Philippe a laissé sur la table, cette nuit, en rentrant.

ROBESPIERRE, *le lui enlevant et gardant sa main dans la sienne.*

Non, non, que ces mains ne se souillent point de ces objets de meurtre. Même pour sauver ma vie, qu'elles ne versent point le sang. Qu'il reste au moins dans l'univers deux mains amies, deux mains innocentes, pour purifier le monde et le cœur de Robespierre de leurs destins sanglants, — quand l'œuvre sera accomplie.

ÉLÉONORE

Pourquoi vous exposer ainsi ? Vous provoquiez cet homme, et on le dit cruel.

ROBESPIERRE

Je ne crains point les sabreurs. Dès qu'on les sort du combat, leur force n'est plus qu'un fracas vide; leurs genoux tremblent, quand ils sont en présence de cette puissance nouvelle pour eux, que leur fer n'a jamais rencontrée dans la mêlée : la Loi.

ÉLÉONORE

Le citoyen Fouché est aussi venu; mais on ne l'a pas reçu, suivant vos ordres.

ROBESPIERRE

Ma porte est pour jamais fermée à celui qui déshonora la majesté de la Terreur dans les massacres de Lyon.

ÉLÉONORE

Il ne voulait point partir; il pleurait.

ROBESPIERRE, *durement.*

Le crocodile aussi pleure.

ÉLÉONORE

Il est allé chez votre sœur, la prier d'intercéder pour lui.

ROBESPIERRE, *changeant d'expression, inquiet, timide.*

Ah ! mon Dieu, elle va venir. Le drôle lui a persuadé qu'il l'aimait ; elle ne l'estime point ; mais des hommages flattent toujours une femme, de quelque part qu'ils viennent. Elle prendra sa défense. Au nom du ciel, ne la laissez pas entrer ! Dites-lui que je suis occupé, que je ne puis voir personne.

ÉLÉONORE, *souriant.*

Vous bravez tous les tyrans de l'Europe, et votre sœur vous fait peur.

ROBESPIERRE, *souriant.*

C'est une bonne femme, elle m'aime. Mais elle est si fatigante ! Ses jalousies continuelles, les scènes qu'elle fait à tout moment, me rompent la tête. Je crois que j'accepterais tout, pour qu'elle se tût.

ÉLÉONORE

Soyez tranquille : maman est avertie, elle l'empêchera d'entrer.

ROBESPIERRE

Chers amis ! avec quel soin vous veillez sur mon repos !

ÉLÉONORE

Nous en sommes responsables envers la nation.

ROBESPIERRE

Quel bien me fait votre maison ! Quel repos y goûte mon âme ! Ce n'est pas un égoïste abri loin des orages du dehors. La porte est grande ouverte aux soucis de la patrie : mais ils prennent en entrant, je ne sais quelle teinte auguste. Ici, on reçoit la destinée en homme, sans incliner la tête, et les yeux dans les yeux. Je n'ai jamais franchi ce seuil sans respirer dans l'air de cette cour, dans cette odeur de bois coupé, la paix et l'espérance. L'honnête figure de Duplay, la voix cordiale de votre mère, votre main, Éléonore, tendue vers moi avec un sourire fraternel, tant de loyale affection, me font connaître le bien le plus inappréciable, le plus rare, oh ! le bien dont je manque le plus et dont j'ai le plus besoin !

ÉLÉONORE

Quel bien ?

ROBESPIERRE

La confiance.

ÉLÉONORE

Vous vous défiez de quelqu'un ?

ROBESPIERRE

Je me défie de tous les hommes. Je lis le mensonge dans les regards, je vois la ruse embusquée sous les protestations. Leurs yeux, leur bouche, leurs serrements de main, leur corps tout entier ment. Le soupçon empoisonne toutes mes pensées. J'étais fait pour des sentiments plus doux. J'aime les hommes, je voudrais croire en eux. Mais comment y croire encore, quand on les voit comme moi, chaque jour, se parjurer dix fois, se vendre, vendre leurs amis, vendre leurs armées, vendre leur patrie, par crainte, par ambition, par débauche, par malfaisance ! J'ai vu trahir Mirabeau, Lafayette, Dumouriez, Custine, le roi, les aristocrates, les Girondins, les Hébertistes. Les troupes auraient livré vingt fois la patrie envahie, si elles n'avaient senti constamment derrière leur dos l'ombre de la guillotine. Les trois quarts de la Convention conspirent contre la Convention. Les vices sont à la gêne sous la discipline héroïque que la Révolution leur impose. Ils n'osent attaquer de front la vertu ; ils se masquent de pitié, de clémence, pour tromper l'opinion, l'émouvoir en faveur des scélérats, l'exciter contre les patriotes. J'arracherai les masques, je forcerai l'Assemblée à voir ce qu'ils recouvrent : la face hideuse de la trahison ; j'obligerai les complices déguisés des conspirateurs à les condamner avec moi, ou à périr avec eux : la République vaincra. Mais, ô Dieu ! parmi combien de ruines ! Le vice est comme l'Hydre. Chaque goutte de sang qui tombe fait naître de nouveaux monstres. Les meilleurs se laissent prendre, l'un après l'autre, à la contagion. Avant-hier Philippeaux ; hier, Danton ; aujourd'hui Desmoulins. — Desmoulins, mon ami d'enfance, mon frère ! — Qui trahira demain ?

ÉLÉONORE

Est-ce possible ? tant de trahison ! Et vous en avez les preuves ?

ROBESPIERRE

Oui, et plus que les preuves : la certitude morale, cette lumière infaillible qui ne me trompe jamais.

ÉLÉONORE

Non, vous ne pouvez vous tromper : vous savez tout, vous voyez au fond des cœurs. Hélas ! sont-ils tous corrompus ?

ROBESPIERRE

Il y a quatre ou cinq hommes que j'estime : l'honnête Couthon, insensible à ses souffrances, pour ne songer qu'à celles du monde ; l'aimable et modeste Le Bas ; mon frère, qui est généreux, mais aime trop le plaisir : deux enfants et un moribond.

ÉLÉONORE

Et Saint-Just ?

ROBESPIERRE

Celui-là, je le crains. Saint-Just, glaive vivant de la Révolution, arme implacable, qui me sacrifierait comme les autres, à sa loi d'airain. — Tout le reste trahit. Gênés par ma clairvoyance, jaloux de l'amour du peuple, ils travaillent à me rendre odieux. Les proconsuls de Marseille et de Lyon couvrent leurs atrocités du nom de Robespierre. La contre-révolution prend tour à tour le visage de la clémence et celui de la terreur. Que la lassitude m'accable un instant, c'en est fait de moi, c'en est fait de la République. Couthon est malade. Le Bas et mon frère sont deux étourdis. Saint-Just est loin, et dompte les armées. Je reste seul au milieu de ces traîtres, qui tournent autour de moi, cherchant à me frapper par derrière. Ils me tueront, Éléonore.

ÉLÉONORE, *lui prenant la main avec une vivacité juvénile.*

Si vous mourez, vous ne mourrez pas seul. (*Robespierre la regarde affectueusement. Elle rougit.*)

ROBESPIERRE

Chère Éléonore, non, vous ne mourrez pas. Je suis plus fort que mes lâches ennemis. J'ai avec moi la Vérité.

ÉLÉONORE

Ah! quels soucis vous rongent, quand vous devriez être si heureux, vous qui travaillez au bonheur de tous. Que la vie est injuste !

ROBESPIERRE

Je vous ai attristée. J'ai eu tort de flétrir votre confiance dans la vie. Pardon.

ÉLÉONORE

Ne regrettez rien. Je suis fière de votre confiance. Toute la nuit, j'ai pensé à ces pages de Rousseau, que vous nous avez lues hier. Elles berçaient délicieusement mon âme. J'entendais le son de votre voix, et ces tendres paroles... oh ! je les sais par cœur.

ROBESPIERRE, *récitant, avec un sourire d'affection un peu mélancolique, un peu emphatique, sincère toutefois :*

« La communication des cœurs imprime à la tristesse je ne sais quoi de doux et de touchant, que n'a pas le contentement, et l'amitié a été spécialement donnée aux malheureux pour le soulagement de leurs maux et la consolation de leurs peines. » (*Eléonore, sa main dans la main de Robespierre, se tait, souriante et rougissante.*) Vous vous taisez ?

ÉLÉONORE, *récitant.*

« Jamais ce qu'on dit à son ami peut-il valoir ce qu'on sent à ses côtés ? »

MADAME DUPLAY, *du dehors.*

Maximilien, voilà Saint-Just. (*Eléonore se sauve.*)

SCÈNE IV

ROBESPIERRE, SAINT-JUST

(*Saint-Just entre tranquillement. Robespierre va au devant de lui. Ils se donnent la main, comme s'ils se retrouvaient après quelques heures d'absence.*)

SAINT-JUST

Bonjour.

ROBESPIERRE

Bonjour, Saint-Just.

(Ils s'asseyent.)

SAINT-JUST, *le regardant avec calme.*

Je suis content de te revoir.

ROBESPIERRE

Le Bas nous a écrit qu'il s'en est peu fallu que nous ne te revoyions plus.

SAINT-JUST

Oui. *(Après un silence.)* Il faut des armes là-bas ; l'armée manque de fusils.

ROBESPIERRE

On y travaille, Paris entier y est occupé. On forge dans les églises. Tout autre ouvrage est suspendu. Tu as pu voir en passant les menuisiers de Duplay fabriquant les bois de fusil. Les horlogers travaillent aux platines ; les enclumes résonnent sur les places publiques.

SAINT-JUST, *après un silence.*

Les subsistances sont rares. Des divisions manquent de fourrages. Le temps presse, la campagne va s'ouvrir au plus tard dans trois semaines ; il faut de toute la France faire affluer le sang vers le Nord.

ROBESPIERRE

Les ordres sont donnés. La France jeûne pour que ses soldats mangent.

SAINT-JUST

Dès que vous n'aurez plus besoin de mes conseils, renvoyez-moi là-bas. Les premiers engagements seront décisifs. Il faut tendre tous les ressorts de l'action.

ROBESPIERRE.

Cette vie ne t'épuise donc pas ?

SAINT-JUST, *sincère, ardent, concentré, parlant sans aucun geste.*

Elle me repose des discussions stériles. La pensée et l'action se confondent là-bas comme le choc des nuages et l'éclair qui jaillit. Chaque volonté s'inscrit sur-le-champ, pour l'éternité, dans le sang des hommes et les destinées du monde. — Grandeur de la tâche ! Angoisse divine ! — Dans la nuit, dans la neige, aux avant-postes de l'armée, sur la morne étendue de la plaine flamande, sous l'immensité du ciel glacé, je sens un frisson de joie me parcourir le corps, et mon sang battre à flots ma poitrine. Seuls, perdus au milieu des ténèbres de l'Univers, entourés d'ennemis, suspendus sur la tombe, nous sommes en Europe les gardiens de la Raison, la Lumière vivante. A chaque décision, nous jouons le sort du monde. Nous recréons l'Homme.

ROBESPIERRE

Heureux celui qu'un corps débile ne retient pas ici, loin de l'action !

SAINT-JUST

Qui agit plus que toi ? La liberté du monde est bloquée dans Paris.

ROBESPIERRE

Ici on se sent flétri à combattre le vice. Il souille malgré soi. Je l'avoue, quand je vois la boue des crimes que le torrent de la Révolution roule pêle-mêle avec la Vertu, je crains d'être sali aux yeux de la postérité par le voisinage impur des hommes pervers.

SAINT-JUST

Mets la hache entre eux et toi. Il ne faut toucher les impurs qu'avec le fer.

ROBESPIERRE

La corruption gagne tout. Des hommes sur qui je comptais le plus. D'anciens amis.

SAINT-JUST

Point d'amitiés! la Patrie.

ROBESPIERRE

Danton menace, Danton est suspect. Il se répand en paroles violentes et injurieuses. Il s'entoure d'intrigants, de débauchés, de financiers ruinés, d'officiers cassés de leurs grades. Les mécontents de toute sorte se rallient autour de lui.

SAINT-JUST

Que Danton disparaisse!

ROBESPIERRE

Danton fut républicain. Il aima la patrie. Il l'aime encore, peut-être.

SAINT-JUST

Il n'aime point la patrie, celui qui ne la respecte point par l'austérité de sa vie. Il n'est point républicain, celui qui a les vices et les maximes d'un aristocrate. Je hais Catilina. Son cœur cynique, sa lâche intelligence, sa politique ignoble, qui flotte entre tous les partis, pour se servir de tous, avilit et menace la République. Que Danton soit frappé!

ROBESPIERRE

Il entraîne dans sa chute l'imprudent Desmoulins.

SAINT-JUST

Ce rhéteur effronté, pour qui les malheurs de la patrie sont matière à des effets de style, ce bel esprit vaniteux qui sacrifierait la Liberté à une antithèse!

ROBESPIERRE

Un enfant, la dupe de ses amis et de son esprit.

SAINT-JUST

L'esprit aussi est un crime, quand l'État est en danger. Les malheurs de la patrie ont répandu sur tout l'Empire une teinte sombre et religieuse. Je me défie de ceux qui rient.

ROBESPIERRE

J'aime Desmoulins.

SAINT-JUST

Je t'aime. Si tu devenais criminel, toi-même je t'accuserais.

ROBESPIERRE, *gêné, s'écarte. Puis revenant, après un court silence.*

Merci. — Tu es heureux ; jamais tu ne balances. Rien ne fait contre-poids en toi à la haine du vice.

SAINT-JUST, *sombre.*

J'ai vu le vice de plus près que toi.

ROBESPIERRE

Où donc ?

SAINT-JUST

En moi.

ROBESPIERRE, *étonné.*

En toi, dont la vie tout entière est un modèle d'abnégation et d'austère sacrifice !

SAINT-JUST

Tu ne sais point.

ROBESPIERRE, *incrédule.*

Quel péché de jeunesse ?

SAINT-JUST, *sombre.*

J'ai été au bord de l'abîme ; j'ai vu le crime au fond, prêt à me dévorer. Depuis, j'ai juré de le détruire dans le monde, comme en moi.

ROBESPIERRE

Je suis las parfois de cette lutte. L'ennemi est trop vaste.

Pourrons-nous transformer l'humanité ? Ferons-nous régner notre rêve ?

SAINT-JUST

Le jour où je me serai convaincu qu'il est impossible de l'accomplir, je me poignarderai.

ÉLÉONORE, *ouvrant la porte. Doucement.*

Voici Billaud-Varenne et Vadier.

SCÈNE V

ROBESPIERRE, SAINT-JUST, BILLAUD-VARENNE, VADIER

(*Billaud-Varenne, tête baissée, sombre, l'air écrasé de fatigue, les yeux un peu hagards. Vadier, lèvres pincées, ricaneur, amer* (1). — *Robespierre et Saint-Just se lèvent très froidement. Ils se saluent de la tête, d'un petit signe bref et sec, sans se donner la main.*)

BILLAUD-VARENNE

Salut et fraternité.

VADIER, *voyant Saint-Just.*

Saint-Just. Allons, ça ira. Nous rattraperons le temps perdu.

(*Billaud et Vadier s'asseyent sans façon. Saint-Just se promène. Robespierre reste debout, appuyé contre la fenêtre. — Après un silence.*)

1. Vadier parle avec un accent méridional très marqué. Il prononce les *b* comme des *v*, les *eu* comme des *u*, les *j* comme des *z*, et les *e* comme des *é*. On n'a pas cru devoir l'indiquer dans le texte. C'est à l'acteur, ou au lecteur, d'y suppléer.

BILLAUD

La guillotine! Tu as trop attendu, Robespierre : nous sommes en danger. Si Danton existe encore demain, la liberté est perdue.

ROBESPIERRE

Quelles nouvelles ?

BILLAUD, *des papiers à la main.*

Regarde. Le traître a continué.

ROBESPIERRE

Qui ?

VADIER

Ton ami, Maximilien, Camille, le cher Camille.

ROBESPIERRE

Il a encore écrit ?

BILLAUD

On vient de saisir ces épreuves. Lis.

VADIER, *se frottant les mains.*

La septième du *Vieux Cordelier*. La suite du *Credo* du bon apôtre.

ROBESPIERRE

Le fou ! Il ne se taira donc pas ?

BILLAUD, *attaché à son idée fixe.*

La guillotine!

SAINT-JUST, *lisant avec Robespierre.*

C'est une fille. Il souffre de la maladie de se déshonorer.

ROBESPIERRE

Et Danton ?

BILLAUD

Danton s'agite : il pérore au Palais-Royal. Il insulte Vadier, moi, tous les patriotes. Desmoulins est avec lui. Ils sont attablés avec Westermann et des catins ; ils profèrent des injures obscènes contre le Comité. Le peuple s'attroupe et rit.

SAINT-JUST

Tu l'entends, Robespierre !

ROBESPIERRE, *dédaigneusement.*

Aucun danger. Avant que Danton ait fini de boire, nous avons le temps de délibérer en paix. (*Regardant les papiers.*) Ainsi, l'insensé se suicide !

VADIER

Ah ! cette fois, mon cher, il a jeté son bonnet par-dessus Desmoulins.

BILLAUD

Que sa tête suive le même chemin !

SAINT-JUST, *lisant.*

Il compare la Convention à Néron et à Tibère.

BILLAUD, *lisant.*

Il ose dire que nous avons poursuivi Custine sur les ordres de Pitt, et non parce que Custine avait trahi, mais parce qu'il n'avait pas assez trahi.

VADIER, *lisant.*

« Le Comité réduira l'Assemblée à la condition servile d'un parlement dont on embastille les membres rebelles. »

ROBESPIERRE, *contrôlant la lecture.*

Il y a : « réduirait », et non pas : « réduira ».

VADIER

C'est la même chose.

BILLAUD, *lisant.*

« Que manque-t-il au Comité pour anéantir la République, si

ceux des députés qu'il ne peut acheter, il les envoie au Luxembourg ? »

ROBESPIERRE, *contrôlant.*

Il y a : « il peut les envoyer », et non pas : « il les envoie ».

BILLAUD, *impatienté.*

N'ergote pas toujours !

SAINT-JUST, *lisant.*

Il a l'effronterie de prétendre que « les bureaux de la Guerre nomment à la tête des armées les frères des actrices avec qui ils couchent ».

VADIER.

Désorganiser la Défense, avilir la nation aux yeux de l'étranger, rien ne l'arrête, quand sa langue bavarde et bègue le brûle.

BILLAUD

Le tout enveloppé d'appels à la clémence, de phrases sur l'humanité !...

VADIER

Des larmes en sucre, des devises de confiseur !...

SAINT-JUST

Point de plaie d'Égypte comparable aux hommes sensibles. Nul tyran ne coûte plus de deuils à l'humanité. Ils se disaient aussi des hommes sensibles, les traîtres de la Gironde, qui promenèrent par toute la France les torches de la rébellion.

ROBESPIERRE

Desmoulins est faible, enfantin, non factieux. Il fut mon ami d'enfance ; je le connais.

BILLAUD, *soupçonneux.*

Y a-t-il des privilégés pour les amis de Robespierre ?

VADIER, *goguenard. Il lit le numéro du* Vieux Cordelier.

Écoute encore, Maximilien : voici pour toi. Il paraît que si tu fermes les maisons de débauche, si tu fais étalage d'un beau zèle pour purifier les mœurs et chasser les p...., c'est sur les instructions de Pitt ; car « tu ôtes ainsi au gouvernement un de ses plus grands ressorts : le relâchement des mœurs ». Tu entends, Incorruptible ? Ceci doit te faire plaisir ?

SAINT-JUST

L'âme basse et hypocrite !

BILLAUD, *violemment.*

La guillotine ! (*Il tombe, la tête sur la table, étourdi comme un bœuf abattu.*

ROBESPIERRE

Il s'évanouit ?

VADIER, *indifférent.*

Un étourdissement. (*Saint-Just ouvre la fenêtre. Billaud revient à lui.*)

SAINT-JUST

Tu es malade, Billaud ?

BILLAUD, *d'une voix rauque.*

Qui es-tu ? Scélérats ! — Je n'en puis plus ! Voici dix nuits que je n'ai dormi.

VADIER

Il passe ses nuits au Comité, et le jour à l'Assemblée.

ROBESPIERRE

Tu travailles trop. Veux-tu qu'un autre te supplée quelques jours ?

BILLAUD

Ma tâche ne s'improvise pas. Correspondre avec les départements, tenir dans sa main tous les fils de toute la France, personne ne le peut que moi. Si je m'interromps, tout l'écheveau s'embrouille. Non ; il faut que je reste jusqu'à ce que je crève.

SAINT-JUST

Nous mourrons tous à la tâche.

BILLAUD

O Nature ! ce n'était pas pour ces orages que tu m'avais créé ! Mon âme est ridée par le souffle des vents meurtriers du désert. O cœur trop sensible, tu étais fait pour la retraite, l'amitié, les touchantes émotions d'une tendre famille !

VADIER, *ironique.*

Ne nous attendrissons point, Billaud.

BILLAUD, *reprenant d'un ton violent.*

Purifions l'air ! Desmoulins à la guillotine !

ROBESPIERRE

Je dois donner l'exemple. J'abandonne Desmoulins.

VADIER, *raillant en dessous.*

Brutus, homme magnanime, homme vertueux, je savais bien que tu n'hésiterais point à te défaire d'un ami.

ROBESPIERRE

Le sort de Desmoulins est lié à celui d'un autre homme.

BILLAUD

As-tu peur de prononcer le nom de Danton ?

ROBESPIERRE

J'ai peur de briser un talisman de la République.

VADIER

Son porte-veine.

ROBESPIERRE

Danton m'est ennemi ; mais si mes amitiés ne comptent point dans nos débats, mes inimitiés ne doivent pas davantage peser sur mes jugements. Avant d'engager le combat, discutons froidement les risques qu'il y aurait à démanteler cette forteresse de la Révolution.

BILLAUD

Forteresse à vendre !

VADIER

L'épouvantail de la Révolution ! Dans les dangers publics, on sort l'idole monstrueuse pour mettre l'ennemi en fuite ; mais elle fait surtout peur à ceux qui la portent. Sa figure hideuse effraie l'image de la Liberté.

ROBESPIERRE

On ne peut nier que ses traits soient connus et redoutés de l'Europe.

VADIER, *persiflant.*

Il est vrai qu'en bon sans-culotte, il montre volontiers au monde

« Ce que César, sans pudeur soumettait
A Nicomède, en sa belle jeunesse,
Ce que jadis le héros de la Grèce
Admira tant dans son Ephestion,
Et qu'Adrien mit dans le Panthéon. »

SAINT-JUST, *violent.*

Cesse tes sales ironies ! Est-ce au nom de la corruption, que tu combats la corruption ?

VADIER

Tu ne vas pas m'obliger à te réciter du Rousseau ?

ROBESPIERRE, *fait effort pour être impartial, mais il n'y apporte aucune conviction.*

Je crois qu'il est convenable de tenir quelque compte des services passés de Danton.

SAINT-JUST

Plus un homme a fait de bien, plus il est tenu d'en faire. Malheur à celui qui a défendu la cause du peuple, et qui l'abandonne ! Il est plus criminel que celui qui la combattit toujours; car il connut le bien, et volontairement, il l'a trahi.

ROBESPIERRE

La mort d'Hébert a remué l'opinion. Les rapports de police qui me sont adressés, notent que nos ennemis profitent du désarroi du peuple, soudain désabusé, pour ébranler sa confiance dans ses amis véritables. Tout est suspect aujourd'hui, la mémoire de Marat elle-même. Nous devons agir prudemment, et prendre garde d'ajouter aux soupçons par nos luttes intérieures.

SAINT-JUST

Mettons fin aux soupçons par la mort des suspects.

VADIER, *à part, regardant Robespierre, en prisant.*

Le gredin ! Comme il a peur de toucher à ses chers aristocrates ! Cromwell se ménage une majorité. Té ! si cela continue, je lui ferai guillotiner cent crapauds de son Marais.

ROBESPIERRE

Une tête pareille ne tombe point sans ébranler l'État.

BILLAUD, *soupçonneux et violent.*

As-tu peur, Robespierre ?

VADIER, *excitant sournoisement Billaud.*

Demande-lui donc, Billaud, s'il se sert de Danton comme d'un matelas capitonné pour se mettre à l'abri derrière, contre les balles ?

BILLAUD, *brutal.*

Parle franchement : tu as peur d'être découvert par la chute de Danton. Tu te colles à lui, comme à une égide qui te protège. Danton détourne de toi l'attention et les traits.

ROBESPIERRE

Je méprise ces perfides calomnies. Que m'importent les dangers? Je ne tiens pas à ma vie. Mais j'ai l'expérience du passé et je vois l'avenir. Vous êtes des furieux ; vos haines vous affolent. Vous pensez à vous-mêmes, vous ne pensez point à la République.

SAINT-JUST

Examinons donc sans passion ce que la République doit attendre des conspirateurs. Et ne nous demandons point si Danton a des talents, mais si ces talents servent à la République. — D'où partent, depuis trois mois, toutes les attaques contre la Révolution ? De Danton. Qui a inspiré les lettres de Philippeaux contre le Comité? Danton. Qui souffle à Desmoulins ses venimeux pamphlets ? Danton. Chaque numéro du *Vieux Cordelier* lui est soumis, discuté avec lui, corrigé de sa main. Si le fleuve est empoisonné, prenons le mal à sa source. — Où est la sincérité de Danton ? Où sa bravoure? Depuis un an, qu'a-t-il fait pour la République ?

ROBESPIERRE, *feint de se laisser peu à peu convaincre et entrainer par les autres, avec un mélange d'hypocrisie et de sincérité.*

Il est vrai qu'il n'a jamais parlé pour la Montagne attaquée.

SAINT-JUST

Non, mais pour Dumouriez, pour les généraux ses complices. Les Jacobins l'accusèrent : tu le défendis, Robespierre. Quand tu fus accusé, dit-il un mot pour toi ?

ROBESPIERRE

Non ; mais me voyant seul, en butte aux calomnies de la Gironde, il dit à ses amis : « Puisqu'il veut se perdre, qu'il se perde ! Nous ne partagerons point son sort ! » — Mais il ne s'agit pas de moi.

BILLAUD

Tu m'as raconté toi même, Robespierre, qu'il fit tout pour sauver les Girondins, et pour frapper Henriot, qui arrêta les traîtres.

ROBESPIERRE

Il est vrai.

SAINT-JUST

Toi-même, tu m'as dit, Robespierre, qu'il t'avait cyniquement avoué ses escroqueries, et celles de Fabre, son secrétaire, pendant son court passage au ministère de la Justice.

ROBESPIERRE

J'en conviens.

SAINT-JUST

Il fut l'ami de Lafayette. Mirabeau l'acheta. Il était en correspondance avec Dumouriez et Wimpfen. Il flattait Orléans. Tous les ennemis de la Révolution ont été familiers avec lui.

ROBESPIERRE

Il ne faut pas exagérer.

SAINT-JUST

C'est toi qui me l'as dit. Je ne saurais rien de ces faits, si tu ne m'en avais parlé.

ROBESPIERRE

Sans doute... mais...

BILLAUD, *violent.*

Le nies-tu ?

ROBESPIERRE

Je ne puis le nier. Danton était assidu à ces soirées royalistes, où Orléans lui-même faisait le punch. Fabre et Wimpfen y assistaient. On cherchait à y attirer les députés de la Montagne, pour les séduire ou les compromettre. — Mais ce n'est là qu'une vétille.

BILLAUD

Fait capital, au contraire ! conspiration manifeste !

ROBESPIERRE

Il me revient un petit détail, mais de peu d'importance. Récemment il se serait vanté, si on l'accusait, de nous jeter le dauphin dans les jambes.

BILLAUD

Le scélérat ! Il a dit cela ! et tu peux le défendre !...

ROBESPIERRE

Westermann sort d'ici. Il m'a menacé de Danton et d'un soulèvement.

BILLAUD

Et nous discutons encore ! et les tigres ne sont point arrêtés !

ROBESPIERRE

Vous le voulez ?

SAINT-JUST

La patrie le veut.

VADIER, *ricanant, à part.*

Le fourbe ! il en meurt d'envie ! il faut qu'il se fasse prier.

ROBESPIERRE

Il fut grand. — Au moins, il eut les apparences de la grandeur, par moments presque de la vertu.

SAINT-JUST

Rien ne ressemble à la vertu comme un grand crime.

VADIER, *sarcastique.*

Tu feras son oraison funèbre plus tard, Maximilien. Pour le moment, mettons la bête en terre.

SAINT-JUST

Vadier, je te rappelle au respect de la Mort.

VADIER

Petit bonhomme vit encore.

SAINT-JUST

Danton est rayé de la vie.

BILLAUD

Qui rédigera l'acte d'accusation ?

VADIER

Saint-Just. Le jeune homme s'en acquitte à merveille. Chacune de ses phrases vaut un coup de guillotine.

SAINT-JUST

Il me plaît de me mesurer avec le monstre.

ROBESPIERRE, *allant chercher des papiers qu'il donne à Saint-Just.*

Voici des notes toutes prêtes.

VADIER, *à part.*

Il en a comme cela pour chacun de ses amis.

ROBESPIERRE

Ne faisons pas à Danton l'honneur d'un procès pour lui seul : ce serait attirer trop sur lui les yeux de la nation.

BILLAUD

Noyons-le dans une accusation collective.

VADIER

Qui mettrons-nous avec, pour corser le menu ?

SAINT-JUST

Tous ceux qui ont voulu corrompre la Liberté par l'argent, ou par les mœurs, ou par l'esprit.

VADIER

Précisons. Ce vague est inquiétant.

ROBESPIERRE

Danton aima l'or. Qu'il soit enterré avec l'or! Mêlons-le à l'affaire des banques. Qu'il prenne place parmi les concussionnaires. Il y retrouvera son ami, son secrétaire, son Fabre d'Églantine.

VADIER

Fabre, Chabot, la haute juiverie, les banquiers autrichiens, les Frey, Diederischen, — fort bien, cela commence à prendre tournure.

BILLAUD

Il sera bon d'adjoindre aux accusés, Hérault, l'ami des émigrés.

SAINT-JUST

Avant tous, Philippeaux, le désorganisateur de l'armée, le destructeur de la discipline.

ROBESPIERRE

Westermann, l'épée sanglante, toujours prête à la rébellion. — Est-ce tout?

VADIER

Le cher Camille que tu oublies.

ROBESPIERRE

Ne voulez-vous pas plutôt Bourdon, ou Legendre, qui sont les porte-paroles de la faction à l'Assemblée?

VADIER

Non. Camille.

BILLAUD

Camille.

SAINT-JUST

La justice.

ROBESPIERRE

Prenez.

SAINT-JUST

Adieu. Je vais préparer le rapport. Demain, à la Convention, je les terrasserai.

VADIER

Non pas, non pas, jeune homme ; l'imprudence de ton âge t'emporte. Quoi ! tu veux attirer Danton à la tribune ?

SAINT-JUST

Danton compte sur l'idée que personne n'osera l'attaquer en face. Je vais le détromper.

VADIER

Le cœur ne suffit pas, mon jeune ami ; il faut aussi des poumons capables d'étouffer les mugissements du taureau.

SAINT-JUST

La vérité domine les orages.

ROBESPIERRE

Nous ne devons pas livrer la République aux hasards d'un combat en champ clos.

SAINT-JUST

Que voulez-vous donc ?

(*Robespierre ne répond pas.*)

BILLAUD

Que Danton soit arrêté cette nuit.

SAINT-JUST, *violemment.*

Jamais !

VADIER

Qui veut la fin veut les moyens.

SAINT-JUST

Je ne frappe point un ennemi désarmé. Mettez-moi face à face avec Danton : de tels combats ennoblissent la République ; mais votre proposition la déshonore : je la repousse du pied.

BILLAUD

Point de bienséances à respecter avec les ennemis du peuple.

VADIER

En politique, la témérité inutile est une sottise, parfois une trahison.

SAINT-JUST

Je ne veux point.

(Il jette violemment son chapeau à terre.)

BILLAUD, *sévèrement.*

Est-ce donc le combat pour la République que tu aimes, et non la République ?

SAINT-JUST

De tels desseins ont besoin du danger pour être sanctifiés. Une Révolution est une entreprise héroïque, dont les auteurs marchent entre la roue et l'immortalité. Nous serions criminels, si nous n'étions prêts à immoler constamment notre vie, comme celle des autres.

VADIER

Sois tranquille, tu risques encore assez. Danton prisonnier peut soulever le peuple ; et ne doute pas, s'il est vainqueur, qu'il ne t'envoie au vasistas.

SAINT-JUST

Je méprise la poussière dont je suis formé ; mais je défie qu'on m'arrache cette vie indépendante que je me suis donnée dans les siècles et dans les cieux. Mon cœur est le seul bien qui m'appartienne ; je passerai au travers du monde ensanglanté, sans souiller sa pureté.

BILLAUD, *avec une sévérité dure et méprisante.*

L'estime de soi est un égoïsme. Que le cœur de Saint-Just soit ou ne soit pas souillé, il ne nous importe pas : sauvons la République.

SAINT-JUST, *interrogeant des yeux Robespierre.*

Robespierre!

ROBESPIERRE

Mon ami, tranquillise ton âme. Les orages d'une Révolution ne sont pas soumis aux lois ordinaires; ce n'est pas avec la commune morale que l'on juge la force qui transforme le monde et recrée la morale sur des bases nouvelles. Toutefois, il faut être juste; mais la mesure de la justice n'est pas ici la conscience individuelle; c'est la conscience publique. Dans le peuple est notre lumière; son salut est notre loi. — Nous n'avions qu'une question à poser : à savoir si le peuple veut la ruine de Danton. Cette question résolue, tout est résolu; il faut livrer la bataille, de façon à être vainqueurs. La justice est que ce qui est juste triomphe. Nous ne pouvons attendre. Il faut frapper Danton sur-le-champ. Lui laisser des armes par générosité, ce serait offrir sa poitrine au poignard des assassins; le despotisme militaire et financier s'emparerait alors des rênes de la Révolution; un siècle de guerres civiles désolerait notre patrie; et les malédictions du peuple s'attacheraient à notre mémoire qui doit être chère au genre humain.

BILLAUD

Vaincre à tout prix! Que tout rayonne de l'éclat terrible de notre dictature!

VADIER

Il s'agit de savoir, non si un homme sera jugé conformément à la loi, mais si l'Europe sera jacobine.

SAINT-JUST, *contenant sa poitrine avec ses deux mains, comme le Robespierre du Serment du Jeu de Paume, dans le tableau de David.*

O République, prends donc mon honneur, puisque tu le veux, prends-moi, bois-moi, dévore-moi tout entier!

BILLAUD, *trépidant, saccadé.*

Peut-être en ce moment, la République est étouffée, nos idées avortent, la Raison meurt pour des siècles. — Vite !

ROBESPIERRE

Faites arrêter Danton. (*Il signe.*)

(*Billaud signe fièvreusement.*)

SAINT-JUST

A toi, Liberté ! (*Il signe.*)

BILLAUD

La Convention ne bronchera-t-elle pas ?

ROBESPIERRE, *avec mépris.*

La Convention sait toujours sacrifier ses membres au bonheur public.

VADIER *signe.*

Je me charge de l'affaire.

ROBESPIERRE *soupire.*

Le poids de la Révolution se fait plus lourd sur nos épaules.

VADIER, *à part.*

Le chat-tigre fait des façons, mais il se lèche les babines.

ROBESPIERRE

Triste nécessité. Nous mutilons la République afin de la sauver.

SAINT-JUST, *sombre et exalté.*

Le philosophe Jésus a dit à ses disciples : « Si ta main te fait tomber dans le péché, coupe-la ; si ton pied te fait tomber dans le péché, tranche-le ; si ton œil te fait tomber dans le péché, arrache-le ; car il vaut mieux pour toi que tu entres au royaume de Dieu, n'ayant qu'un œil et le corps mutilé, que d'avoir deux yeux et d'être jeté dans la géhenne du feu. » — Et moi je dis :

Si ton ami est corrompu et corrompt la République, retranche-le de la République ; si ton frère est corrompu et corrompt la République, retranche-le de la République. Et si le sang de la République, si ton propre sang coule par la blessure béante, laisse-le couler ; que la République soit pure, ou qu'elle meure. La République est la vertu. Où il y a souillure, la République n'est plus.

VADIER, *à part.*

Ils sont fous. Fous à lier. Il ne faudra pas tarder à les mettre au cabanon. — Le plus pressé d'abord ! (*Il va pour sortir.*)

BILLAUD

Attends que je signe.

VADIER

Tu as signé.

BILLAUD

Où ? — Je ne me souviens pas. — Qu'ai-je fait ? Ai-je bien fait ? — « Tristis est anima mea ! » — Oh ! s'étendre dans les prairies, sur la terre fraîche ; sentir l'odeur balsamique des bois ; un ruisseau entre des saules ! Du repos. Du repos...

ROBESPIERRE

Les fondateurs de la République ne trouvent le repos que dans le tombeau.

ACTE III

LE TRIBUNAL RÉVOLUTIONNAIRE

FOUQUIER-TINVILLE, *accusateur public.* HERMAN, *président.* JURY, TÉMOINS, FOULE. — *Au banc des accusés.* DANTON, DESMOULINS, HÉRAULT, PHILIPPEAUX, WESTERMANN, — CHABOT, LES FREY, *personnages muets ;* — FABRE D'ÉGLANTINE, *dans un fauteuil au milieu d'eux. — Les fenêtres de la salle sont ouvertes. On entend par moments le bruit de la foule au dehors.*

On interroge Chabot et les Frey. — Danton s'agite avec indignation. Desmoulins semble accablé. Hérault, calme, regarde en souriant. Philippeaux, les mâchoires serrées, les yeux fixes, se prépare à la riposte. Fabre, souffrant, est affaissé dans son fauteuil. — La foule se pousse et regarde avidement. Elle souligne toutes les péripéties du procès, à la façon d'un public qui assiste à un mélodrame, — amusée et émue tout ensemble (1).

LE PRÉSIDENT, *aux Frey.*

Vous êtes les agents de Pitt. Vous avez voulu corrompre la Convention. Pour favoriser vos spéculations et vos rapines,

1. On n'a pas cru nécessaire de marquer tous les jeux et les clameurs de la foule. Ces indications doivent d'ailleurs varier avec les éléments dont on dispose à la scène.

vous avez fait le projet d'acheter les représentants du peuple. Vous avez tarifé chacune des consciences.

DANTON, *retentissant.*

Président, donne-moi la parole !

LE PRÉSIDENT

Votre tour viendra, Danton.

LA FOULE, *s'agitant, intéressée.*

Danton... C'est Danton qui a parlé... As-tu entendu ? Il se fout en colère...

DANTON

Qu'ai-je à faire au milieu de ces ordures ? Quel rapport entre moi et ces voleurs ?

LE PRÉSIDENT

On vous le dira.

DANTON

La noblesse naturelle de mon caractère me défend d'accabler ces gueux. Vous le savez, et vous abusez de mon silence, pour tâcher de me confondre dans l'esprit du peuple avec des banquiers malpropres, des tripoteurs, des concussionnaires.

HÉRAULT

Ne t'agite pas, Danton.

LE PRÉSIDENT

Respectez la justice : vous vous expliquerez tout à l'heure.

FOUQUIER-TINVILLE

Tiens-toi tranquille, Danton. Tu auras à répondre, comme tes coaccusés, au chef de corruption.

DANTON

La corruption de Danton ne se met pas à la remorque de la canaille. Donne-lui au moins la première place. Danton ne saurait être le second en rien, ni dans le vice ni dans la vertu.

PHILIPPEAUX

Tais-toi et sois prudent.

LE PRÉSIDENT, *aux Frey.*

Vous êtes juifs de naissance, originaires de Moravie; vous vous appelez Tropuscka. Vous avez ensuite pris le nom de Schönfeld, sous lequel vous avez acheté en Autriche des lettres de noblesse; puis vous êtes passés en France, et vous vous nommez Frey, pour le moment. Une de vos sœurs a reçu le baptême, et est entretenue par un baron allemand. L'autre a épousé Chabot, ci-devant capucin, actuellement représentant à la Convention. Vous vous étiez associés à quelques aventuriers de race douteuse comme vous : Diederichsen, originaire du Holstein, employé de banque à Vienne ; Gusman, dit l'Espagnol, qui se faisait passer pour un baron allemand; le ci-devant abbé d'Espagnac, fournisseur des armées. La complicité de quelques députés achetés favorisait vos agiotages. Chabot vous servait d'intermédiaire avec ses collègues. Il s'était lui-même évalué à 150,000 livres. Il se chargea de votre part d'en porter 100,000 à Fabre d'Eglantine. Fabre falsifia pour ce prix le décret de la Convention, relatif à la liquidation de la Compagnie des Indes. Je fais passer l'original sous les yeux du jury.

LE PEUPLE

Danton se bouche le nez. Il fait le dégoûté. — Quelle gueule il a! Bravo, Danton! — Tu crois qu'on va le condamner? — Quand son tour viendra-t-il? C'est que je suis pressé!

VADIER, *qui de temps en temps paraît et disparaît, surveillant la salle, entre sur la pointe des pieds, et s'adresse à mi-voix au général Henriot, debout près de la porte.*

Tout va bien, Henriot?

HENRIOT, *bas.*

Ça ira.

VADIER, *de même, désignant Fouquier et le tribunal.*

Ils ne bronchent pas ?

HENRIOT, *de même.*

N'aie pas peur. J'ai l'œil.

VADIER, *de même.*

C'est bon ; n'hésite pas; et si l'accusateur fléchit, arrête-le. *(Il sort.)*

HÉRAULT, *regardant le peuple.*

Comme le peuple nous regarde !

DANTON, *honteux au fond, mais se forçant à rire.*

Il n'est pas habitué à voir ce mufle sur le banc d'infamie ; ce n'est pas un spectacle banal : Danton escamoté par ces charlatans de la Foire. Ha ! ha ! il faut en rire ! — Regarde David, là-bas ; sa langue lui sort de la bouche, il bave de haine comme un chien. — Tonnerre ! tiens-toi donc, Desmoulins ! Cambre-toi, que diable ! Le peuple a les yeux sur nous.

CAMILLE

Ah ! Danton, jamais je ne reverrai Lucile !

DANTON

Allons, tu coucheras avec elle cette nuit.

CAMILLE

Sauve-moi, Danton, arrache-moi d'ici ; je ne sais plus que faire, je ne pourrai me défendre.

DANTON

Tu es plus faible qu'une fille. Ferme ! songe que nous faisons de l'histoire.

CAMILLE

Ah ! je me soucie bien de l'histoire !

DANTON

Si tu veux revoir Lucile, ne prends pas des airs de criminel écroulé sous la loi! Qu'est-ce que tu regardes ?

CAMILLE

Vois, Danton, — là...

DANTON

Quoi ? Qu'est-ce que tu me montres ?

CAMILLE

Près de la fenêtre, ce jeune homme...

DANTON

Ce gamin effronté, avec une mèche de cheveux qui lui tombe sur les yeux, ce clerc de procureur qui pince la taille à une femme ?

CAMILLE

Ce n'est rien, j'ai eu une hallucination, j'ai vu... je me suis vu...

DANTON

Toi ?

CAMILLE

Je me suis vu brusquement à sa place, assistant au procès des Girondins, mes victimes, — oh! Danton!...

(Pendant ce temps, la pièce dite falsifiée par Fabre, a passé sous les yeux du jury.)

LE PRÉSIDENT

Fabre, persistez-vous dans vos dénégations ?

FABRE D'ÉGLANTINE, *très tranquille, las, ironique.*

Il est inutile que je recommence à m'expliquer : vous ne m'écoutez point, votre siège est fait. J'ai montré tout à l'heure que sur le projet régulier de décret que j'avais rédigé, des traîtres ont introduit des additions et suppressions, qui en changent le caractère. Cela est clair à qui veut regarder les pièces dans un esprit de justice. Ce n'est pas le cas ici; je sais que je suis condamné d'avance. J'ai eu le malheur de déplaire à Robespierre, et vous avez à cœur de panser son amour-propre blessé. Ma vie est perdue. Soit : elle est trop usée, et me fait trop souffrir, pour que je fasse pour elle un effort qui me fatigue.

FOUQUIER

Tu outrages la justice, et tu calomnies Robespierre. Ce n'est point Robespierre qui t'accuse de corruption : c'est Cambon. Ce n'est point Robespierre qui t'accuse de conspiration : c'est Billaud-Varenne. Ton esprit d'intrigue est connu. Il te sert à faire des complots scélérats et de méchantes pièces.

FABRE

Halte-là ! *Ne sutor ultra crepidam.* — Messieurs du parterre, je vous prends à témoin : mes pièces ne vous ont-elles pas tout à fait diverti ? — Fouquier peut faire tomber ma tête, mais non pas mon *Philinte.*

FOUQUIER

Une curiosité malsaine t'a fait considérer l'Assemblée de la Nation comme une sorte de théâtre, où tu cherchais pour en jouer les ressorts secrets de l'âme. Tu faisais usage de tout : l'ambition des uns, la paresse des autres, l'inquiétude, l'envie, tout t'était bon. Cette impudente habileté a fait de toi le chef d'un véritable système de contre-révolution, soit que ton effronterie et ton humeur brouillonne se plût à bouleverser l'ordre établi par je ne sais quel mépris malsain de la raison humaine, soit plutôt que ton aristocratisme avéré et ta cupidité aient reçu dès longtemps des arrhes de Pitt pour ruiner la République. En 92, on te trouve déjà conspirant avec les ennemis. Danton t'envoie auprès de Dumouriez pour ces négociations criminelles, qui ont sauvé les Prussiens, près d'être anéantis. — Mais ceci nous amène aux autres prévenus. Je te laisse, puisqu'aussi bien, ils ont tant de hâte que j'arrache leurs masques. Je te reprendrai tout à l'heure, et je montrerai le nœud qui rattache tous les fils de cette monstrueuse intrigue.

(Les accusés s'agitent. Le peuple devient plus attentif. Danton dit quelques mots brefs d'encouragement aux siens.)

FABRE, *impertinent, à Fouquier.*

Plan mal fait, intrigue confuse; trop de personnages : on ne sait d'où ils viennent, et l'on sait trop où l'on va : inutile de tant parler. Ta pièce est détestable, Fouquier. Tu ferais mieux de me faire couper la tête tout de suite : j'ai mal aux dents.

LE PRÉSIDENT, *à Hérault de Séchelles.*

Accusé, vos noms et qualités [1].

HÉRAULT

Feu Hérault-Séchelles. Ci-devant avocat-général au Châtelet : je siégeais dans cette salle. Ci-devant président de la Convention : j'ai inauguré en son nom la Constitution républicaine. Ci-devant membre du Comité de Salut public ; ci-devant ami de Saint-Just et de Couthon qui m'assassinent.

LE PRÉSIDENT

Vous êtes un aristocrate. Votre fortune date de vos relations avec la cour, et de votre présentation à la femme Capet par la Polignac. Vous n'avez jamais interrompu vos relations avec les émigrés ; vous étiez l'ami de Proly l'Autrichien, bâtard du prince de Kaunitz, guillotiné le mois passé. Vous avez divulgué les secrets du Comité de Salut public, et livré des papiers importants aux cours étrangères. Malgré la loi, vous avez donné asile au ci-devant commissaire des guerres, Catus, poursuivi

1. Le peuple, surtout les femmes, trouvent Hérault bel homme, et admirent, ou blâment avec indignation sa mise recherchée.

comme émigré et comme conspirateur. Vous avez poussé l'audace jusqu'à aller le réclamer et prendre sa défense à la section Lepeletier, où il était arrêté.

HÉRAULT

Sauf sur un point : la divulgation des secrets d'État, que je nie formellement, et que je vous mets au défi de prouver, tout le reste est exact. Je le reconnais hautement.

LE PRÉSIDENT

Quelle explication en donnez-vous ?

HÉRAULT

Aucune explication. J'avais des amis. Nulle volonté d'État ne pouvait m'empêcher de les aimer et de les aider dans le besoin.

LE PRÉSIDENT

Vous aviez été président de la Convention. C'était à vous de donner à la nation l'exemple de l'obéissance aux lois.

HÉRAULT

Je lui ai donné l'exemple de la mort pour le devoir.

LE PRÉSIDENT

Est-ce tout ce que vous avez à dire ?

HÉRAULT

Tout.

FOUQUIER

A un autre, Herman.

LE PRÉSIDENT, *à Desmoulins.*

Vos nom, prénoms, qualités.

CAMILLE, *très troublé.*

Lucie-Camille-Simplice Desmoulins, député à la Convention.

LE PRÉSIDENT

Votre age ?

CAMILLE

L'âge du sans-culotte Jésus, quand il fut sacrifié : trente-trois ans (1).

LE PRÉSIDENT

Vous êtes accusé d'avoir diffamé la République. Vous avez calomnié les actes de l'État, comparé la gloire où nous vivons aux turpitudes des Césars romains. Vous avez réveillé les espérances des aristocrates, excité le soupçon contre la nécessité des répressions, entravé l'œuvre de la défense nationale. Avec une humanité simulée, que dément votre caractère passé, vous avez voulu ouvrir les prisons aux suspects, pour submerger la République sous le flot des vengeances de la contre-révolution. — Qu'avez-vous à répondre ?

CAMILLE, *très troublé, essaie de répondre, balbutie, porte la main à son front, avec angoisse. Ses amis le regardent, inquiets.*

Je demande l'indulgence du tribunal. Je ne sais ce que j'ai. Je ne puis parler.

LE PRÉSIDENT

Vous reconnaissez les faits dont on vous accuse ?

CAMILLE

Non, non.

LE PRÉSIDENT

Alors, défendez-vous.

CAMILLE

Je ne puis. Pardonnez-moi. J'ai une brusque faiblesse.

(*Ses amis s'empressent autour de lui. Il s'est assis, respire avec peine et s'essuie le front avec son mouchoir. Le Président hausse les épaules.*)

1. Les femmes regardent avec sympathie Desmoulins, et s'apitoient sur sa pâleur.

FOUQUIER

Oui ou non, avoues-tu?

PHILIPPEAUX

Lisez les passages que vous inculpez.

DANTON

Oui, lis-les, ose-les lire au peuple; qu'il juge de quel côté sont ses amis.

LE PRÉSIDENT

Je les ai suffisamment désignés; il ne convient pas de donner un retentissement nouveau à des paroles dangereuses.

DANTON

Dangereuses pour qui? pour les bandits?

FOUQUIER

Cette comédie est préparée d'avance, nous allons passer outre.

CAMILLE, *avec angoisse.*

Je suis honteux.... je vous demande pardon à tous... Mais voici plusieurs nuits que je ne dors point; les calomnies dont je suis victime m'ont bouleversé: je ne suis pas maître de moi, et je sais mal parler. Qu'on me donne un instant de répit : j'ai une sorte de vertige.

FOUQUIER

Nous n'avons pas de temps à perdre.

DANTON

A quelle heure es-tu donc tenu de livrer nos têtes? Ne peux-tu attendre, bourreau?

PHILIPPEAUX

Tu attendras Desmoulins: vous n'avez pas encore le droit d'égorger les gens sans les entendre.

FABRE

Tu sais qu'il est sensible et impressionnable; tu veux profiter d'une faiblesse pour l'égorger : tu ne le feras pas, nous vivant.

HÉRAULT, *ironique.*

C'est le duel de l'empereur Commode, qui, armé d'un sabre de cavalerie, forçait son ennemi à se battre avec un fleuret garni de liège.

LE PRÉSIDENT

Silence!

LES QUATRE

Silence, toi-même, bourreau! Peuple, protège nos droits, le droits sacrés de la défense!

(Le peuple fait du bruit.)

DANTON, *frappant dans les mains de Desmoulins.*

Allons, mon enfant, relève ton courage.

CAMILLE, *encore très las, mais redevenu maître de lui, serre la main de Danton, lui sourit et se lève.*

Merci, amis, mon inexplicable faiblesse se dissipe; votre affection me ranime. — Voilà ce que vous n'aurez jamais, monstres : l'amour d'amis tels que ceux-ci! — Vous m'accusez d'avoir dit librement ma pensée : je m'en fais gloire. Fidèle à la République que j'ai fondée, je resterai libre, quoi qu'il m'en coûte. J'ai insulté la liberté, dites-vous? J'ai dit que la liberté, c'est le bonheur, c'est la raison, c'est l'égalité, c'est la justice. Voilà mes outrages. Peuple, juge par là des éloges qu'ils réclament.

LE PRÉSIDENT

Ne vous adressez pas au peuple.

CAMILLE

A qui veux-tu que je m'adresse? Aux aristocrates? — J'ai

demandé un Comité de clémence; j'ai voulu que ce peuple jouît enfin de la liberté qu'il semble n'avoir conquise que pour satisfaire les rancunes d'une poignée de scélérats. J'ai voulu que les hommes missent fin à leurs querelles, et que l'amour fît d'eux une grande famille fraternellement unie. Il paraît que de tels souhaits sont un crime. — Et moi, j'appelle un crime la furieuse politique qui avilit la nation, qui diffame le peuple, en lui faisant mettre la main dans le sang innocent à la face de l'univers.

LE PRÉSIDENT

Ce n'est pas vous qui accusez, c'est vous qu'on accuse.

CAMILLE

Eh bien, je m'accuse moi-même, si vous voulez, je m'accuse de n'avoir pas pensé toujours comme aujourd'hui. Trop longtemps j'ai cru à la haine, la passion du combat m'a égaré, j'ai fait trop de mal moi-même; j'ai attisé les vengeances; la hache fut plus d'une fois aiguisée par mes écrits. Ici, des innocents furent conduits par ma parole : voilà mon crime, mon vrai crime, celui que je partage avec vous, celui que j'expie aujourd'hui.

LE PRÉSIDENT

De qui voulez-vous parler?

FOUQUIER-TINVILLE

De qui regrettes-tu la mort?

PHILIPPEAUX

Tais-toi, Desmoulins!

FABRE

C'est un piège. Prends garde!

DANTON

Foutre! avale ta langue!

CAMILLE

Je parle des Girondins.

(*Le peuple murmure.*)

LE PRÉSIDENT

L'accusé reconnaît de lui-même qu'il a trempé dans les complots des Brissotistes.

CAMILLE, *hausse les épaules.*

C'est mon *Brissot dévoilé* qui les fit condamner.

FOUQUIER-TINVILLE

Mais tu le regrettes aujourd'hui ?

CAMILLE, *sans répondre.*

O mes collègues ! je vous dirai comme Brutus à Cicéron : « Nous craignons trop la mort et l'exil et la pauvreté. *Nimium timemus mortem et exilium et paupertatem.* » Cette vie mérite-t-elle donc que nous la prolongions aux dépens de l'honneur ? Il n'est aucun de nous qui ne soit parvenu au sommet de la montagne de la vie. Il ne nous reste plus qu'à la descendre à travers mille précipices, inévitables même pour l'homme le plus obscur. Cette descente ne nous offrira aucuns paysages, aucuns sites qui ne se soient offerts mille fois plus délicieux à ce Salomon qui disait, au milieu de ses sept cents femmes, et en foulant tout ce mobilier de bonheur : « J'ai trouvé que les morts sont plus heureux que les vivants, et que le plus heureux est celui qui n'est jamais né (1). » (*Il s'assied.*)

DANTON

Imbécile ! tu nous coupes la tête ! (*Il l'embrasse.*)

LE PRÉSIDENT, *à Danton.*

Accusé, vos nom, prénoms, âge, qualité et demeure.

1. Cette tirade est textuellement extraite du *Vieux Cordelier.*

DANTON, *se levant, d'une voix retentissante.*

Ma demeure ? Bientôt le Néant. Mon nom ? Au Panthéon.

(*Le peuple frémit. Il parle, semble approuver: puis brusquement, un silence absolu après les paroles du Président.*)

LE PRÉSIDENT

Vous connaissez la loi : répondez exactement.

DANTON

Je suis Georges-Jacques Danton, âgé de trente-quatre ans, natif d'Arcis-sur-Aube, avocat, député à la Convention, domicilié à Paris, rue des Cordeliers.

LE PRÉSIDENT

Danton, la Convention nationale vous accuse d'avoir conspiré avec Mirabeau et Dumouriez, d'avoir connu leurs projets liberticides, et de les avoir secrètement appuyés.

(*Danton éclate d'un rire de tonnerre. Les juges interloqués, le peuple, et même les accusés, se penchent pour le regarder. Il frappe du poing la barre devant lui.*)

DANTON, *riant.*

La Liberté conspire contre la Liberté ! Danton conspire contre Danton ! — Scélérats ! — Regardez-moi en face. La Liberté, elle est ici ! (*Il prend sa tête entre ses mains.*) Elle est dans ce masque pétri par sa sauvage empreinte; elle est dans ces yeux incendiés par ses flammes volcaniques; elle est dans cette voix, dont les mugissements font trembler les palais des tyrans jusque dans leurs fondements. Prenez ma tête, clouez-la au bouclier de la République. Elle fera encore, comme Méduse, tomber morts d'effroi les ennemis de la Liberté.

LE PRÉSIDENT

Je ne vous demande point votre éloge, mais votre défense.

DANTON

Un homme comme moi ne se défend pas : mes actions parlent d'elles-mêmes. Je n'ai rien à défendre, rien à expliquer. Il n'y a rien de caché dans ma vie. Je ne m'entoure point de mystères pour forniquer avec une vieille femme, comme Robespierre. Ma porte est grande ouverte, il n'y a point de rideaux à mon lit ; la France entière sait quand je bois et quand je fais l'amour. Je suis peuple : mes vices et mes vertus appartiennent au peuple : je ne lui voile rien. Je me montre au monde, le ventre nu.

LE PRÉSIDENT

Danton, ce langage impudent outrage la justice. L'ignominie de vos expressions montre la bassesse de votre âme. La modération est le propre de l'innocence, et l'audace celui du crime.

DANTON

Si l'audace est un crime, j'embrasse le crime, Président, je le baise à pleine bouche, et te laisse la vertu : les vaches maigres de Pharaon ne me font point envie. J'aime l'audace et je m'en vante : l'audace aux rudes étreintes, aux lourdes mamelles, où boivent les héros. La Révolution est fille de l'audace. C'est elle qui fit crouler les Bastilles ; c'est elle qui par ma voix, lança le peuple de Paris contre la royauté ; c'est elle qui par mon poing saisit la tête coupée de Louis le Raccourci par ses grasses oreilles, et la jeta à la face des tyrans et de leur Dieu.

(Le peuple approuve et s'agite.)

LE PRÉSIDENT

Toutes ces violences ne servent de rien. Je vous rappelle aux accusations précises, dirigées contre vous, et je vous invite à y répondre exactement, en ne sortant point des faits.

DANTON

Est-ce d'un révolutionnaire comme moi qu'il faut attendre une réponse froide ? Mon âme est comme l'airain qui brûle dans la forge. La statue de la Liberté est en fonte dans mon sein. Et c'est moi qu'on veut enfermer dans une roue d'écureuil ! C'est moi qu'on veut astreindre à un questionnaire de catéchisme ! Je crèverai le filet dont vous voulez me lier; mon torse brisera la chemise trop étroite. — On m'accuse, dites-vous ! Où sont-ils, ceux qui m'accusent ? Qu'ils se montrent, et je les couvrirai de l'opprobre qui les caractérise !

LE PRÉSIDENT

Encore une fois, Danton, vous manquez à la représentation nationale, au tribunal et au peuple souverain qui a le droit de demander compte de vos actions. Marat fut accusé comme vous. Il ne s'indigna point contre ses accusateurs. A des faits il n'opposa point des fureurs d'athlète et de rhéteur; il s'appliqua à se justifier, et y parvint. Je ne puis vous proposer de meilleur modèle que ce grand citoyen.

DANTON

Je vais donc descendre à ma justification, je vais suivre le plan adopté par Saint-Just... En parcourant cette liste d'horreurs, je sens toute mon existence frémir ! — Moi, vendu à Mirabeau, Orléans, Dumouriez ! Je les ai toujours combattus. J'ai contrarié les desseins de Mirabeau, quand je les croyais dangereux pour la liberté. J'ai défendu Marat contre lui. Je n'ai vu Dumouriez que pour lui demander compte des millions qu'il avait gaspillés. Je pressentais ses projets, et, pour les entraver, je caressai la vanité du drôle. Fallait-il le pousser à bout quand il tenait dans ses mains le salut de la République ? Oui, je lui envoyai Fabre; oui, je lui fis promettre qu'il serait généralissime; mais je chargeais en même temps Billaud de le surveiller de près. Va-t-on me reprocher d'avoir menti à un traître ? J'ai commis bien d'autres crimes pour la patrie. On ne sauve pas un État avec des vertus de sacristie. Tous les crimes, tous, je les eusse portés sur ces épaules, sans plier, s'il l'eût fallu pour vous sauver, vous tous, juges, peuple, vils imposteurs même qui m'accusez ! — Moi, conspirer avec la royauté ! Je me souviens, en effet, d'avoir provoqué le rétablissement de la puissance monarchique au 10 août, le triomphe des fédéralistes au 31 mai, la victoire des Prussiens à Valmy ! — Mes accusateurs ! qu'on me les produise ! Je demande à parler des coquins qui perdent la République. J'ai des choses essentielles à révéler ; je demande à être entendu.

LE PRÉSIDENT

Ces sorties indécentes ne peuvent que nuire à votre cause. Ceux qui vous accusent jouissent de l'estime publique. Disculpez-vous d'abord : un accusé ne devient digne de foi, que lorsqu'il s'est lavé des soupçons qui ôtent toute valeur à ses dénonciations. — Votre républicanisme n'est pas seul en cause ; on accuse votre caractère tout entier, vos mœurs scandaleuses, vos débauches, vos prodigalités, vos rapines, vos concussions.

DANTON

Ne te débonde pas d'un coup. Rebouche le tonneau de ton éloquence ; dispense-la goutte à goutte, que rien n'en soit perdu. — De quoi m'accuse-t-on ? D'aimer la vie, d'en jouir ? — Certes, j'aime la vie. Tous les pédants d'Arras et de Genève ne parviendront pas à étouffer la joie qui fermente dans la terre de Champagne, gonflant les bourgeons de vignes et les désirs des hommes. Vais-je rougir de ma force ? La nature m'a donné en partage les formes athlétiques et de vastes besoins. Exempt du malheur d'être né d'une race privilégiée et abâtardie, j'ai conservé, à travers les orages d'une carrière dévorante, toute ma vigueur native. De quoi vous plaignez-vous ? C'est cette vigueur qui vous a sauvés. Que vous importe que je passe mes nuits au Palais-Royal ? Je ne fais pas tort d'une caresse à la Liberté. Mes flancs suffisent à tous les embrassements. Vous proscrivez le plaisir. La France a-t-elle fait vœu de chasteté? Sommes-nous tombés sous la férule d'un magister maussade, ou parce qu'un vieux renard a la queue coupée, faut-il que nous perdions la nôtre?

LE PRÉSIDENT

On vous accuse d'avoir détourné à votre profit une partie de l'argent qui vous était confié par l'État; vous avez employé les fonds secrets à vos plaisirs: vous avez pressuré la Belgique, et ramené de Bruxelles trois chariots de butin.

DANTON

J'ai déjà répondu à ces sottes inventions. Quand j'étais ministre de la Révolution, on m'a déposé 50 millions : je le reconnais; j'ai offert d'en rendre un compte fidèle. Cambon m'a donné 400,000 livres pour dépenses secrètes. J'en ai dépensé 200,000 à bureau ouvert. J'ai donné carte blanche à Fabre, à Billaud. Ces fonds ont été les leviers avec lesquels j'ai soulevé les départements. — Quant à la ridicule histoire des serviettes de l'archiduchesse, rapportées de Belgique, et démarquées par moi, me prend-on pour un voleur de mouchoirs? On a ouvert mes malles à Béthune; on a dressé procès-verbal : il n'y avait que mes hardes et un corset de molleton. Ce corset effarouche-t-il la pudeur de Robespierre? Est-ce là ce qu'on me reproche?

LE PRÉSIDENT

La preuve de vos rapines est dans la large vie que vous menez depuis deux ans, et que votre médiocrité de fortune ne vous eût pas permise, si vous ne l'aviez engraissée des dépouilles de l'État.

DANTON

Avec le remboursement de ma charge d'avocat aux conseils, j'ai acheté quelque bien dans le district d'Arcis. J'ai assuré de petites rentes à maman, à mon beau-père, à la brave citoyenne qui m'a nourri. Ces sommes n'excèdent pas la valeur de ma charge avant la Révolution. — Quant à la vie que j'ai menée à Paris ou Arcis, il se peut que je ne me sois pas astreint à une ignoble économie. Je n'oblige pas mes amis, quand je les reçois, à la soupe aux herbes de la mère Duplay. Je ne sais pas plus lésiner pour moi que pour les autres. N'avez-vous point honte de chicaner Danton sur ce qu'il boit et sur ce qu'il mange? — Une méprisable hypocrisie menace d'infecter la nation. Elle rougit de la Nature; l'énergie lui fait peur, elle se voile la face devant un geste libre. Les vertus négatives lui tiennent lieu des autres. Pourvu qu'un homme ait l'estomac mauvais et les sens atrophiés, pourvu qu'il vive d'un peu de fromage et couche dans un lit étroit, vous le nommez Incorruptible, et ce mot le dispense de courage et d'esprit. Je méprise ces vertus anémiques. La vertu, c'est d'être grand, pour soi et pour la patrie. — Quand vous avez le bonheur d'avoir un grand homme parmi vous, n'allez pas lui reprocher son pain. Les besoins, les passions, les sacrifices, tout chez lui est bâti sur un autre plan que chez les autres. Achille mangeait le dos d'un bœuf à son repas. S'il faut à un Danton de vastes aliments pour nourrir sa fournaise, jetez-les sans compter : ici est l'incendie dont les flammes vous protègent contre les bêtes fauves qui guettent la République.

LE PRÉSIDENT

Vous reconnaissez donc les dilapidations dont on vous accuse ?

DANTON

Tu mens, je viens de les nier. J'ai vécu largement, honnêtement, ménager, mais non avare des sommes qui m'étaient confiées. J'ai rendu à Danton ce que je devais à Danton. Faites venir les témoins que j'ai réclamés, et nous éclaircirons les doutes. Ce ne sont pas des accusations et des réponses qui doivent rester dans le vague ; seule une discussion précise, point par point, mettra fin au procès. Ces témoins, où sont-ils ? Pourquoi tarde-t-on à les faire venir ?

LE PRÉSIDENT

Votre voix se fatigue, Danton : reposez-vous.

DANTON

Ce n'est rien, je puis continuer.

LE PRÉSIDENT

Vous reprendrez tout à l'heure votre justification avec plus de calme et de tranquillité.

DANTON

Je suis calme. — Mes témoins ! il y a trois jours que je les réclame ; aucun n'est encore assigné. Je somme l'accusateur public de me déclarer, en face du peuple, pourquoi la justice m'est refusée.

FOUQUIER-TINVILLE

Je ne me suis point opposé à leur citation, et je ne m'y oppose point.

DANTON

Fais-les donc venir ; rien ne se fait sans tes ordres.

FOUQUIER-TINVILLE

Je déclare donc permettre que les témoins soient appelés, autres toutefois que ceux désignés par les accusés dans la Convention : car l'accusation émane de l'Assemblée tout entière, et il serait ridicule de prétendre faire concourir à votre justification vos propres accusateurs, surtout les représentants du peuple, dépositaires du pouvoir suprême, qui n'en doivent compte qu'au peuple.

HÉRAULT

Ah! la bonne jésuiterie! *(Il rit avec Fabre.)*

DANTON

Ainsi mes collègues pourront m'assassiner, et il me sera défendu de confondre mes assassins!

FOUQUIER-TINVILLE

Oses-tu insulter la représentation nationale?

PHILIPPEAUX

Nous ne sommes donc ici que pour la forme? On veut nous réduire à jouer un rôle muet?

CAMILLE

Peuple, tu l'entends! Ils ont peur de la vérité. Ils craignent les témoignages qui les écrasent.

LE PRÉSIDENT

Ne vous adressez pas au peuple.

PHILIPPEAUX

Le peuple est notre seul juge; vous n'êtes rien sans lui.

CAMILLE

J'en appelle à la Convention.

DANTON

Vous voulez nous bâillonner. Vous n'y parviendrez pas. Ma voix remuera Paris jusque dans ses entrailles. La lumière! la lumière!

LE PEUPLE

Bravo!

LE PRÉSIDENT

Silence!

LE PEUPLE

Les témoins ! qu'on fasse venir les députés !

(*Les juges s'effarent.*)

FOUQUIER-TINVILLE

Il est temps de faire cesser ce débat scandaleux ; je vais écrire à la Convention, lui transmettre votre requête : nous lui obéirons.

(*Le peuple applaudit. — Fouquier et Herman se consultent, écrivent, lisent à voix basse ce qu'ils ont écrit.*)

CAMILLE, *exultant.*

Ah ! la cause est gagnée !

DANTON

Nous allons confondre ces gueux ; vous allez les voir écroulés, le nez dans leur ordure. Si le peuple français est ce qu'il doit être, je vais être obligé de demander leur grâce.

PHILIPPEAUX

La grâce de ceux qui veulent notre mort !

CAMILLE, *gaîment.*

Bah ! nous nommerons Saint-Just, maître d'école à Blérancourt, et Robespierre, marguillier à Saint-Omer.

HÉRAULT, *haussant les épaules.*

Ils sont incorrigibles. Ils espéreront encore dans la charrette.

DANTON

Les imbéciles ! accuser Danton et Desmoulins de combattre la République ! C'est Barère qui est patriote à présent, n'est-ce pas ? Et Danton aristocrate ! — La France n'avalera pas ces bourdes de longtemps. — (*A un juré.*) Nous crois-tu conspirateurs ? Voyez, il rit, il ne croit pas. Écrivez qu'il a ri.

FOUQUIER, *s'interrompant au milieu de son travail.*

Je vous prie de cesser ces conversations particulières. La loi ne le permet pas.

DANTON

Tu vas apprendre à ton père comment on fait des enfants? C'est moi qui ai fait instituer ce tribunal; je dois m'y connaître.

CAMILLE

Je reprends goût à la lumière. Il y a un moment, elle me semblait éteinte, morte, comme dans un tombeau.

DANTON

Ce n'est pas elle qui a repris ses couleurs, c'est toi. Tu n'en menais pas large tout à l'heure.

CAMILLE

Je suis humilié de ma faiblesse. Mon corps est lâche.

DANTON

Intrigant! tu as voulu te rendre sympathique aux femmes. Tu as réussi. Vois cette fille là-bas qui te fait de l'œil.

HÉRAULT, *doucement.*

Mes pauvres amis, vous me faites pitié.

DANTON

Pourquoi, joli garçon?

HÉRAULT

Vous vendez la peau de l'ours, et la vôtre est déjà livrée.

DANTON

Ma peau? Oui, je sais, elle a des amateurs. Saint-Just la convoite. Eh bien, qu'il vienne la prendre. S'il réussit, je veux bien qu'il s'en fasse une descente de lit.

HÉRAULT

A quoi sert de s'agiter ? (*Il hausse les épaules et se tait.*)

(*Pendant ce temps, Fouquier a écrit une lettre qu'un garde prend et emporte.*)

LE PRÉSIDENT

En attendant la réponse de la Convention, nous allons continuer l'interrogatoire. — Philippeaux, quel est votre âge ?

PHILIPPEAUX

Trente-cinq ans.

LE PRÉSIDENT

Vos qualités ?

PHILIPPEAUX

Ci-devant juge au présidial du Mans, représentant du peuple à la Convention.

LE PRÉSIDENT

Vous avez tenté de paralyser la défense nationale, pendant votre mission en Vendée ; vous avez voulu jeter le discrédit sur le Comité de Salut public, par d'injurieux pamphlets ; vous avez fait partie de la conspiration de Danton et de Fabre pour rétablir la royauté.

PHILIPPEAUX

J'ai exposé à l'indigation publique les brigandages de quelques généraux. C'était mon devoir : je l'ai rempli.

LE PRÉSIDENT

Votre devoir était, — dans la lutte implacable dont la France était le prix, — de tendre tous les ressorts de l'action nationale. Vous les avez brisés.

PHILIPPEAUX

Ronsin et Rossignol déshonorent l'humanité.

FOUQUIER-TINVILLE

Tu n'étais pas représentant de l'humanité, mais de la patrie.

PHILIPPEAUX

Ma patrie, c'est l'humanité.

LE PRÉSIDENT

Ceux qui excitent votre pitié, les royalistes écrasés par Rossignol, respectaient-ils l'humanité ?

PHILIPPEAUX

Rien n'excuse le crime.

FOUQUIER-TINVILLE

La victoire.

PHILIPPEAUX

Accusateur, je t'accuse.

CAMILLE

Je dénonce au peuple ces paroles infâmes.

FOUQUIER-TINVILLE, *haussant les épaules.*

Que le peuple juge !

(Le peuple est partagé : il a applaudi Fouquier, et cause bruyamment.)

DANTON, *bas à Desmoulins.*

Tais-toi, animal ! tu jettes des pierres dans mon jardin.

CAMILLE, *étonné.*

Comment ?

DANTON

J'en ai dit bien d'autres !

LE PRÉSIDENT, *à Westermann.*

Accusé, levez-vous.

WESTERMANN

C'est à moi ? Tonnerre ! en avant !

LE PRÉSIDENT

Votre nom ?

WESTERMANN

Tu le sais bien.

LE PRÉSIDENT

Votre nom ?

WESTERMANN, *haussant les épaules.*

Faiseurs d'embarras ! — Demande-le au peuple.

LE PRÉSIDENT

Vous êtes François-Joseph Westermann, originaire d'Alsace, général de brigade. Vous avez quarante-trois ans. C'est vous qui deviez être l'épée du complot. Danton vous a fait revenir à Paris pour commander les troupes de la contre-révolution. Vous avez commis des atrocités dans votre armée. Vous avez été cause de la déroute de Châtillon. D'accord avec Philippeaux, vous avez tâché d'abattre les patriotes que vous aviez la charge de défendre. — Vos antécédents sont d'ailleurs déplorables. Vous avez eu trois accusations de vol.

WESTERMANN

Tu mens, cochon !

LE PRÉSIDENT

Je vais vous faire reconduire en prison pour insultes à la justice, et juger sans vous entendre.

WESTERMANN

A quinze ans, j'étais soldat. Le 10 août, j'ai commandé le peuple à la prise des Tuileries. J'ai combattu à Jemmapes. Dumouriez m'a abandonné en Hollande, au milieu des ennemis ; j'ai ramené ma légion à Anvers. Ensuite j'ai été en Vendée; j'ai donné de la tablature aux brigands de Charette et de Cathelineau. Savenay, Ancenis, le Mans sont gras de leurs charognes.

Les jean-foutres m'accusent d'avoir été cruel ; ils ne disent pas assez : j'ai été féroce pour les lâches. — Veut-on des preuves contre moi ? En voici : à Pontorson, j'ai fait charger par ma cavalerie mes soldats qui fuyaient. A Châtillon, j'ai fendu la figure à coups de sabre à un officier couard. J'aurais fait brûler mon armée, s'il l'avait fallu pour la victoire. — J'ai pillé, dis-tu ? En quoi cela te regarde-t-il ? Vous êtes des imbéciles. J'ai fait mon métier de soldat ; je ne suis pas un commerçant. Mon devoir est de défendre la terre de la patrie, par tous les moyens : je l'ai rempli pendant trente ans, sans ménager ma sueur ni mon sang. J'ai reçu sept blessures, toutes par devant ; je n'en ai qu'une par derrière : mon acte d'accusation.

LE PRÉSIDENT

Vous avez plusieurs fois, devant témoins, proféré des paroles insultantes contre la Convention. Vous avez menacé de faire tomber le palais sur le dos des représentants.

WESTERMANN

C'est vrai. Je hais cette racaille soupçonneuse et bavarde, qui entrave toute action par sa niaiserie jalouse. J'ai dit que la Convention avait besoin d'un coup de balai, et que je me chargeais d'enlever le fumier.

FOUQUIER-TINVILLE

Tu reconnais la conspiration ?

WESTERMANN

Que parles-tu de conspiration ? J'ai pensé seul. J'eusse agi seul. Je ne suis l'ami d'aucun de ceux qui sont ici. J'ai parlé quelquefois à Danton ; j'estime son énergie ; mais c'est aussi un avocat, et je n'ai pas confiance dans les avocats. La France ne peut être sauvée par des discours, mais par des sabres.

LE PRÉSIDENT

Cela suffit. L'affaire est claire.

WESTERMANN

Guillotinez-moi. La guillotine aussi est un coup de sabre. Je ne demande qu'une chose : qu'on me couche sur le dos ; je veux faire face au couteau.

(Vadier et Billaud-Varenne entrent. Fouquier se lève et va leur serrer la main. Rumeur dans la foule.)

LE PEUPLE

La réponse de la Convention.

BILLAUD-VARENNE, *à mi-voix.*

Les scélérats, nous les tenons !

VADIER, *à mi-voix, à Fouquier.*

Voici de quoi vous mettre à votre aise.

FOUQUIER, *de même.*

Nous en avions besoin.

(Agitation, — puis profond silence. Fouquier lit, debout. — les deux conventionnels debout auprès de lui.)

FOUQUIER, *lisant.*

« La Convention nationale, après avoir entendu le rapport de ses Comités de Salut public et de sûreté générale, décrète que le Tribunal révolutionnaire continuera l'instruction relative à la conjuration de Danton et autres, que le président emploiera tous les moyens que la loi lui donne afin de faire respecter son autorité et de réprimer toute tentative des accusés pour troubler la tranquillité publique et entraver la marche de la justice, — décrète que tout prévenu de conspiration qui résistera ou insultera la justice nationale sera mis hors des débats sur-le-champ. »

(Stupeur et chuchotements. Puis brusquement la foule parle fort, avec animation, et les accusés, d'abord atterrés, éclatent.)

CAMILLE

Infamie! on nous étouffe!

PHILIPPEAUX

Ce ne sont pas des juges, ce sont des bouchers.

DANTON, *à Fouquier.*

Tu n'as pas tout lu. Il y a encore autre chose. La réponse! La réponse à notre demande!

LE PRÉSIDENT

Silence!

FOUQUIER

La Convention donne communication de la lettre suivante, que les Comités ont reçue de l'administration de la police, afin que le tribunal voie quel péril menace la Liberté.

(*Lisant.*) « Commune de Paris.

« Nous, administrateurs du département de police, sur une lettre à nous écrite par le concierge de la maison d'arrêt du Luxembourg, nous nous sommes à l'instant transportés en ladite maison d'arrêt, et avons fait comparaître devant nous le citoyen Laflotte, ci-devant ministre de la République à Florence, détenu en ladite maison depuis environ six jours; lequel nous a déclaré qu'hier, entre six et sept heures du soir, étant dans la chambre du citoyen général Arthur Dillon, ledit Dillon, après l'avoir tiré à part, lui dit qu'il fallait résister à l'oppression, que les hommes de tête et de cœur détenus au Luxembourg et aux autres maisons d'arrêt devaient se réunir; que la femme de Desmoulins mettait à sa disposition mille écus, à l'effet de pouvoir ameuter du monde autour du tribunal révolutionnaire... »

CAMILLE, *hors de lui.*

Les misérables! non contents de m'assassiner, ils veulent encore assassiner ma femme! (*Il s'arrache les cheveux.*)

DANTON, *montrant le poing à Fouquier.*

Canailles! Canailles! ils ont inventé ce complot pour nous perdre!

(Rumeur du peuple.)

FOUQUIER, *continuant à lire, dominant le bruit, réussissant à reprendre l'intérêt de la foule.*

« ... Laflotte se décida à feindre de partager leurs idées pour mieux connaître leur plan. En effet, Dillon s'imaginant l'avoir associé à son infâme complot, lui détailla et discuta devant lui les différents projets. Laflotte se met à la disposition du Comité de Salut public pour lui en révéler les détails. »

(L'agitation de la foule couvre sa voix.)

CAMILLE, *comme fou.*

Monstres! Cannibales! *(Il froisse les papiers qu'il tient à la main et les jette à la tête de Fouquier.)* *(Au peuple.)* A l'aide! au secours!

DANTON, *tonitruant.*

Lâches meurtriers, pendant que vous y êtes, faites-nous lier sur ce banc, prenez un couteau et saignez-nous!

LE PEUPLE, *ému, intéressé, jubile.*

Il s'étrangle! il écume! c'est magnifique! quelle voix il a! Bravo!

(Il applaudit.)

PHILIPPEAUX

Tyrannie!

LE PEUPLE, *répète.*

Tyrannie!

DANTON

Peuple, ils nous tuent, ils t'égorgent avec nous! On assassine Danton! Paris, lève-toi! lève-toi!

WESTERMANN

Aux armes !

(Immense grondement au dedans et au dehors.)

FOUQUIER, *pâle, ému, — aux deux Conventionnels.*

Que faire ? — D'un moment à l'autre, la foule va se ruer.

BILLAUD

Les brigands ! — Henriot, fais évacuer la salle.

VADIER

Ce serait le signal de la lutte, et qui sait si nous serions les plus forts ?

FOUQUIER, *qui vient de regarder à la fenêtre.*

La foule est ameutée sur le quai. Elle peut forcer les portes.

DANTON

Peuple, nous pouvons tout, nous avons triomphé des rois, des armées de l'Europe. Au combat ! Écrasons les tyrans !

VADIER, *à Fouquier.*

La première chose de toutes : fais-les rentrer en prison ; mets à l'ombre ce gueulard.

DANTON, *montrant le poing à Vadier.*

Voyez ces lâches assassins ; ils nous suivront jusqu'à la mort. — Vadier ! Vadier ! chien ! viens ici ! Puisque c'est ici une lutte de cannibales, qu'ils viennent au moins me disputer ma vie à coups de poing !

VADIER, *à mi-voix.*

Crie, mon bonhomme, crie : tu es dans le sac.

(Le bruit augmente.)

VADIER, *à Fouquier.*

Accusateur, exécute le décret.

LE PEUPLE

A la lanterne, Vadier !

FOUQUIER-TINVILLE

L'effroyable indécence avec laquelle les accusés se défendent, les insultes, les menaces qu'ils ont l'impudence de prononcer contre le tribunal, doivent le déterminer à prendre des mesures proportionnées à la gravité des circonstances. En conséquence, je requiers que les questions seront posées et le jugement prononcé en l'absence des accusés.

HÉRAULT, *se levant, et époussetant son habit.*

C'est fini.

DANTON, *suffoquant.*

Foutu!... (*Au paroxysme de la violence, se contenant brusquement.*) Paix, Danton, paix ! Les destins sont accomplis.

CAMILLE, *criant.*

Je suis l'ami de Robespierre! Je ne puis être condamné ...

WESTERMANN, *à Danton.*

Empêche donc ce bougre de se déshonorer.

DANTON, *consterné.*

Ils sont fous. Pauvre pays, que va-t-il devenir, privé d'une tête comme celle-ci ?

HÉRAULT, *à Desmoulins.*

Allons, mon ami, montrons que nous savons mourir.

DANTON

Nous avons assez vécu pour nous endormir dans le sein de la gloire ; que l'on nous conduise à l'échafaud !

CAMILLE

O ma femme ! ô mon fils ! je ne vous reverrais plus ! — non, cela ne se peut. Mes amis, mes amis, au secours !

DANTON

Reste donc tranquille, et laisse cette vile canaille.

HÉRAULT, *à Fabre.*

Donne-moi le bras, mon ami : voici la fin de tes maux.

FABRE D'ÉGLANTINE

Nous aurons eu un beau spectacle avant de mourir.

DANTON

Eh bien, Fabre, sans te faire tort, voilà une pièce qui enfonce les tiennes.

FABRE

Tu n'as pas lu ma dernière ; il y avait de bonnes choses dedans. Je tremble que Collot d'Herbois ne détruise le manuscrit. Il est jaloux de moi.

DANTON

Console-toi, nous allons tous faire là-bas ce que tu as fait toute ta vie.

FABRE

Quoi donc ?

DANTON

Des vers.

(Pendant ces conversations, et au milieu de l'agitation populaire, le tribunal délibère.)

LE PRÉSIDENT

Faites retirer les accusés.

HÉRAULT

La Convention sera bien vide demain. Je baille à la pensée

que ceux qui nous survivent seront condamnés à entendre, sans dormir, sous peine de mort, Robespierre et Saint-Just, — Saint-Just et Robespierre.

DANTON

Ils ne l'entendront plus longtemps. J'ouvre la fosse, Robespierre m'y suivra.

FABRE

J'eusse voulu voir pourtant le développement du caractère de certaines petites canailles : Barras, Talien, Fouché. Mais il ne faut pas trop demander. Allons-nous-en, Hérault.

Ils sortent.

CAMILLE, *s'accrochant à son banc, d'où les gendarmes d'Henriot l'arrachent.*

Je ne veux pas partir ! Vous voulez me tuer en prison. A moi ! à moi ! O peuple, j'ai fait la République ! Défendez-moi, je vous ai défendus ! — Vous ne m'arracherez pas d'ici, monstres ! Lâches ! assassins ! — Ah ! Lucile ! Horace ! bien-aimés ! bien-aimés !

On l'emporte en hurlant.

DANTON, *ému.*

Et moi aussi, j'ai une femme, des enfants. — *Se reprenant.* Allons, Danton, point de faiblesse.

WESTERMANN, *à Danton.*

Pourquoi ne profites-tu pas de l'émotion du peuple ? Il est près de se battre.

DANTON

Cette canaille ! allons donc ! — Public de cabotins ! — Ils s'amusent du spectacle que nous leur donnons ; ils sont là pour applaudir à la victoire. Ils sont trop habitués à ce que j'agisse pour eux.

WESTERMANN

Agis donc.

DANTON

Trop tard. Et puis je m'en fous. La République est perdue : j'aime mieux mourir avant.

WESTERMANN

Voilà le fruit de tes hésitations. Que n'as tu devancé Robespierre !

DANTON

La Révolution ne peut vivre sans nos deux têtes. Je n'aurais pu me défendre qu'en l'égorgeant. J'aime mieux la Révolution que moi.

(Westermann sort.)

PHILIPPEAUX

Viens, Danton, il est consolant de mourir comme on a vécu.

DANTON

J'ai commis tous les crimes pour la Liberté. J'ai endossé toutes les tâches redoutables que fuyait l'hypocrisie des autres. J'ai tout sacrifié à la Révolution, et je vois bien à présent que c'est en vain. Cette garce m'a trompé : elle me sacrifie aujourd'hui ; elle sacrifiera Robespierre demain ; elle cédera au premier aventurier qui entrera dans son lit. — N'importe ! je ne regrette rien ; je l'aime, je suis content de m'être déshonoré pour elle. Je plains les pauvres bougres qui n'auront point frotté leur peau à celle de la Liberté. Quand on a une fois baisé la gueuse divine, on peut mourir : on a vécu.

(Il sort avec Philippeaux.)

FOUQUIER-TINVILLE

J'invite le jury à déclarer s'il est suffisamment instruit.

LE PRÉSIDENT

Le jury se retire pour en délibérer.

(Le jury sort.)

(La foule est houleuse, indécise, mal disposée. — Au dehors, grand bruit, vociférations. — Le public se presse aux fenêtres. Quelques gens du tribunal vont aussi voir.)

LE PEUPLE

Les voilà qui sortent. — Desmoulins hurle et se débat. Le pauvre diable est fou : ses habits sont déchirés ; il a la poitrine nue. — Danton parle. — Écoute.

LE PEUPLE, *au dehors.*

Vive Danton ! Fouquier à la lanterne !

(Les gens qui sont dans la salle, répètent les paroles du dehors, d'abord à mi-voix, puis plus fort.)

FOUQUIER

L'émeute commence. Nous allons être écharpés.

VADIER

Empêchons que ces cris influent sur l'esprit du jury. Allons les éclairer.

(Ils sortent.)

(La foule proteste contre Vadier et Fouquier qui entrent dans la chambre du jury.)

LE PEUPLE, *regardant au dehors.*

Le peuple court après la voiture. On agite les chapeaux. Ah ! — ah ! — Voilà un gendarme jeté à bas de son cheval ! — Bravo ! — Il ne faut pas qu'ils les condamnent. — Les autres, s'ils veulent : mais pas Danton ! — Danton en liberté ! Danton en liberté !

(Tumulte assourdissant au dedans et au dehors.)

LE PRÉSIDENT, *épouvanté.*

Citoyens... la sainteté du tribunal... le respect de la justice...

LE PEUPLE

Danton! nous voulons Danton! (*Ils brisent les bancs et s'avancent vers le tribunal.*)

LE PRÉSIDENT

Nous sommes débordés. Ils vont tout massacrer. (*Il recule vers la sortie, la main sur le bouton de la porte.*)

LE PEUPLE

Danton! — Le Comité assassine les patriotes! — Mort au Comité!

(*Saint-Just entre.*

LE PEUPLE

Saint-Just!...

Il se tait brusquement, intimidé. Un jeune homme qui a commencé le cri de : « Danton en liberté! » s'interrompt au milieu, et reste la bouche ouverte. — Saint-Just regarde la foule, froidement, durement, en face. Silence glacial de quelques secondes. Puis des murmures s'élèvent de nouveau, mais moins violents.)

LE PEUPLE

Danton libre, Saint-Just! La grâce de Danton!

VADIER, *est rentré à la suite de Saint-Just, et profite de l'accalmie d'un instant.*

Citoyens, la Commission des subsistances et approvisionnements de la République...

LA FOULE, *faisant taire ceux qui parlent.*

Silence! Silence!

VADIER, *continuant.*

... porte à la connaissance du public l'arrivage ce soir d'un convoi de farine et de bois, au port de Bercy.

LA FOULE

(*Brouhaha général.*) Laisse-moi passer... Après moi, donc! — Je suis pressé. — Eh bien, et moi? — Tu attendras! — Au diable! (*Ils se poussent et se bousculent pour sortir.*)

Le jury rentre. Le peuple écoute, mais son attention est déjà ailleurs.

LE PRÉSIDENT, *aux jurés.*

Citoyens jurés. — il a existé une conspiration tendant à diffamer et avilir la représentation nationale, à rétablir la monarchie, et à détruire par la corruption le gouvernement républicain. — Georges-Jacques Danton, avocat, député à la Convention nationale, a-t-il trempé dans cette conspiration (1)?

LE CHEF DU JURY

Oui.

LE PRÉSIDENT

Lucie-Simplice-Camille Desmoulins, avocat, député à la Convention, a-t-il trempé dans cette conspiration?

LE CHEF DU JURY

Oui.

LE PRÉSIDENT

Marie-Jean Hérault-Séchelles, avocat général, député à la Convention, a-t-il trempé dans cette conspiration?

LE CHEF DU JURY

Oui.

1. La monotonie des questions du Président se perd dans les conversations et les mouvements de la foule, qui ne se tait que pour la lecture de la sentence.

LE PRÉSIDENT

Fabre, dit d'Églantine, député à la Convention, a-t-il trempé dans cette conspiration ?

LE CHEF DU JURY

Oui.

LE PRÉSIDENT

Philippeaux, ci-devant juge, député à la Convention, a-t-il trempé dans cette conspiration ?

LE CHEF DU JURY

Oui.

LE PRÉSIDENT

François-Joseph Westermann, général de brigade, a-t-il trempé dans cette conspiration ?

LE CHEF DU JURY

Oui.

FOUQUIER-TINVILLE

Je requiers l'application de la loi.

LE PRÉSIDENT

En conséquence, le tribunal prononce que Georges-Jacques Danton, Lucie-Simplice-Camille Desmoulins, Marie-Jean Hérault-Séchelles, Fabre dit d'Eglantine, Philippeaux, François-Joseph Westermann, sont condamnés à la peine de mort; — ordonne que ce jugement leur sera notifié entre les deux guichets de la maison d'arrêt de la Conciergerie par le greffier du tribunal; — exécuté ce jourd'hui, 16 germinal, place de la Révolution.

(*La foule s'écoule. Au dehors, rumeurs lointaines qui peu à peu s'éteignent. Restent Saint-Just, Vadier, Billaud-Varenne.*)

VADIER

Le colosse pourri est abattu. La République respire.

BILLAUD-VARENNE, *regardant Saint-Just d'un œil farouche.*

La République ne sera libre, que quand les dictateurs ne seront plus.

SAINT-JUST, *regardant durement Vadier et Billaud.*

La République ne sera pure, que quand les hommes de proie ne seront plus.

VADIER, *ricanant.*

La République ne sera libre, la République ne sera pure, que quand la République ne sera plus.

SAINT-JUST

Les Idées n'ont pas besoin des hommes. Les peuples meurent, pour que Dieu vive.

FIN

ACHEVÉ D'IMPRIMER

le 15 février 1900

PAR LES IMPRIMERIES CERF

A VERSAILLES

www.ingramcontent.com/pod-product-compliance
Lightning Source LLC
LaVergne TN
LVHW012019220826
846092LV00001B/410

* 9 7 8 2 3 2 9 7 6 9 2 6 4 *